실전사주
實戰四柱
88命 상담

실전사주(實戰四柱)88命 상담

발행일	2019년 7월 15일

지은이	이목영		
펴낸이	손형국		
펴낸곳	(주)북랩		
편집인	선일영	편집	오경진, 강대건, 최승헌, 최예은, 김경무
디자인	이현수, 김민하, 한수희, 김윤주, 허지혜	제작	박기성, 황동현, 구성우, 장홍석
마케팅	김회란, 박진관, 조하라		
출판등록	2004. 12. 1(제2012-000051호)		
주소	서울시 금천구 가산디지털 1로 168, 우림라이온스밸리 B동 B113, 114호		
홈페이지	www.book.co.kr		
전화번호	(02)2026-5777	팩스	(02)2026-5747

ISBN	979-11-6299-744-4 03180 (종이책)	979-11-6299-745-1 05180 (전자책)	

이 도서의 국립중앙도서관 출판예정도서목록(CIP)은 서지정보유통지원시스템 홈페이지(http://seoji.nl.go.kr)와
국가자료공동목록시스템(http://www.nl.go.kr/kolisnet)에서 이용하실 수 있습니다.
(CIP제어번호: CIP2019026634)

이 목 영 의   易 學 (역 학) 칼 럼

실전사주
實戰四柱
88命 상담

이목영

북랩 book Lab

머리말

필자는 흑백논리(黑白論理)가 철저한 서양 기독교 선교사가 건립한 개성(開城) 송도(松都) 중·고등학교(6.25때 개성에서 인천으로 이전하였음)에서 공부했다.

필자가 17살 때 선친(先親)의 중병(重病) 쾌유를 위해, 소문난 서울 삼선교에 위치했던 삼선 한의원을 갔었다.

소문에 의하면 그는 중국에서 동양의학의 바이블인 황제내경(皇帝內徑)의 영추, 소문, 오운육기학(五運六氣學)과 사주(四柱) 공부를 많이 한 것 같다고 했다.

그는 환자를 직접보지 않고도 병 증세를 거울 보듯 하였고, 그 처방약이 신통하게도 우리 선친뿐만 아니라, 적지 않은 환자들의 병 증세를 완화시켰다고 전국에 소문이 났었다.

이것이 계기가 되어, 대학생 시절에는 방학 때나 시간이 날 때마다 그 이치를 터득하기 위해 전국에 유명한 도사나 도인들을 찾아 돌아다녔다.

그러나 아쉽게도 중국으로 가버린 그 족집게 한의원 원장과 견줄만한, 실력이 있는 도인을 만날 수가 없었다.

그러다 시절 인연이 닿아 20대 후반에 '권백철' 선생께서 한의사와 약사들에게 오운육기학(五運六氣學)과 사주(四柱), 음양(陰陽) 체질분석학을 강의하는 장소를 알게 되어 그분들과 함께 가르침을 내려 받았다.

'실전 사주88명 상담. 이목영 역학칼럼'은 현재까지 45년 동안 초야에 은둔하고 계신 도인들과 유명한 도사들을 만나 직접 가르침 받은 것들과 옛 고전을 공부하고 연구하면서 임상한 것들을 분석하고 통계를 내어 필자가 실제 현장에서 상담한 내용들 중 일부분을 필자가 각 주요 일간 신문에 〈역학칼럼과 상담실례〉를 집필했던 기사내용들이다.

2002~2004년에는 스포츠 신문에 필자가 집필한 상담실례 「아니 이럴 수가?」가 미국 50개주와 전 세계로 전파되었다.

그때 이국(異國)의 지명(地名) 중 필자가 처음 들어보는 곳에 살고 있는 교포들이 잠을 자는 시간에도 전화로 상담하려는 사람들이 많았다. 그래서 그때 지구본을 구입해 다른 나라에 대한 위치와 감각을 어느 정도 습득하려고 노력하였다.

그 후로부터 외국여행을 할 준비를 시작하게 되었고, 답사 현지에 가서는 그 나라의 하늘과 그곳의 생활문화를 이해하기 시작했으며, 학창시절에 공부했던 세계역사를 다시 되새기게 되었다.

그 결과 그 시절, 그곳의 하늘과 기후(氣候) 및 사회현상과 환경을 모르면 사주팔자를 풀어봤자, 그것은 100년 전 우리나라의 선조들의 모습만을 그려낼 정도에 불과하다는 결론을 얻게 되었다.

필자의 푸른 뜻과 열정(熱情)만으로는 실제 상담한 내용을 현장감 있고 공감할 수 있는 글로 표현하기란 쉽지 않다. 오히려 글자를 사용하지 않고 말없이 눈빛이나 행동으로 나타내는 제스처로 상대방과 마음, 생각을 서로 주고받는 농아장애인들의 소통법에 특별한 장점이 있는 것과는 비교된다.

　국내에서 현재 실존하고 있는 평범한 사람들의 사주팔자를 실제상황으로 묘사해서 "실전사주"를 세상에 발표한 것은 손을 꼽을 만큼 많지 않다.

　대부분이 옛 중국고전에 나오는 유명한 사람들의 사주를 한글로 번역해서 실례로 들거나, 오래전에 세상을 떠난, 고인이 된 명의·명사들의 사주를 화려하고 멋지게 써놓은 것들이 약간 있다.

　고전은 약 1,200년 전 당, 송 시대부터 종이가 발달하면서 서책으로 보전하기 시작했다.

　현재는 하루 동안 과거의 100년을 초고속을 넘어 광속으로 날아가고 있다. 그런 오늘날, 옛 고전의 가르침처럼 사주를 풀어본다는 것이 과연 타당할까? 옛사람들의 생활환경과 현대인들의 과학문화 환경이 천지개벽하듯 달라지고 있는데, 1,200년 전 시대의 가치관의 척도(尺度)로 사주를 풀어본다는 것이 과연 희극일까? 비극일까?

　역학(易學)의 근본은 결코 변하지 않는다. 그러나 역(易)이라고 하는 글자는 그때, 그 시절마다 환경의 변화를 뜻하는 글자라고 필자가 강술한 『사주명리학과 동양천문학 만남』에서 발표한 바와 같이, 상황에 따라서 무궁무진하게 변화하고 있는 것이다.

　실제로 같은 시간에 출생한 쌍둥이의 사주팔자를 풀어놓고도 "대인(大人)은 대길이요. 소인(小人)은 대흉(大凶)."으로 판단하는 것이 역리(易理)의 이치(理致)다.

필자와 인연이 닿는 분들이시여! 부디 가화만사성(家和萬事成)하소서.

오늘 이 시간까지 45년 동안 자비하신 관세음보살님, 거룩하신 천사님처럼 모든 면에서 늘 따뜻한 모습으로 항상 필자를 신뢰하고 단점까지도 쓰다듬어 주는 아내(이 묘숙명자)가 노년에 서화(書畵)에 심취하여 공부함에 일취월장하는 무궁한 발전이 있기를 응원한다.

끝으로 북랩 출판사 대표님과 이 원고가 서책으로 출간되기까지 헌신적으로 협조해주신 직원들, 직·간접적으로 도움을 주신 인연이 된 모든 분들께 감사한 마음을 가슴 깊이 새겨 두 손 모아 전해드린다.

기해(己亥)년 정월. 신 여래정사에서

윤석 이묵영 두 손 모음.

차례

01. 늦깎이 신부 백년해로 비는데…
- 따뜻한 남쪽나라로 파견근무 지원하세요

지난해 10월 내 글을 통해 개인의 사생활이 공개되었던 그 가족들에 관한 내용이다.

1994년 1월 23일 39세 신랑과 38세 신부의 기적 같은 결혼을 성사시킨 할머니가 한 달 뒤에 이목영 원장을 찾아왔다.

"선생님! 감사합니다. 고맙습니다. 정말 감사합니다."

하면서 큰 절을 하시는 노부인을 이 원장은 의자에 앉으시길 권했다.

노부인은 일러준 결혼은 성사됐지만 그게 도무지 실감이 나지 않고, 걱정이 태산 같기만 하니 이 신랑과 각시가 헤어지지 말고 꼭 평생 해로를 하게끔, 꽁꽁 묶어달라는 주문이었다.

"걱정 마세요. 지난번 할머님이 말씀하시는 가운데, 이 신랑 신부가 5년 전에도 서로 맞선을 보았다고 하셨는데 정말 그랬나요?"

"선생님이 말씀하시듯, 우리 딸년은 자존심과 고집이 하늘 높은 줄 몰라서 제 나이가 33살인 것은 생각도 않고 신랑 자리만 놓고는 탓하기를, 젊은 남자가 오죽 못났으면 34살까지 장가를 가지 못했겠냐고 하면서 5년 전에는 지금 이 신랑을 아예 만나보지도 않았답니다."

그 기막힌 내용을 간단히 요약해보면 다음과 같았다.

그동안 여러 신랑감들을 맞선 보았지만 마음에 들면 신랑 측에서 퇴짜를 놓거나 아니면 신부 측의 어머니, 또는 일가친척들이 반대를 하여 나이만 먹고 있었는데, 어느 날 외사촌 여동생이 참한 신랑감을 소개하겠다고 하여서 마지못해 만나보니 싫지도 좋지도 않은 무덤덤하게 느껴지는 남자였다고 한다.

그러한 상태로 3번 이상을 만나게 되었고, 그 후 양가의 부모님들은 나이가 많은 신랑 신부는 이유도 많고, 탓도 많은 법이니 빨리 서둘러서 양가의 합의하에 결혼할 날을 정해 놓았다는 것이다. 그런 일이 있어서 서로를 알고 보니 5년 전에도 둘째 이모님이 맞선을 보라고 한 신랑감이 바로 그 당사자였다는 것이다. 여기에 할머니는 벌써 장차 외손자를 안아보고 싶은 욕심을 내비쳤다.

"사주팔자 및 이름, 그리고 할머니가 말씀하시는 모든 것의 관한 문제를 분석해 본 바에 의하면, 이 신랑과 신부는 아기를 낳고 기르려면 하늘에 자신의 생명을 바치듯 지극한 마음으로 불공드리듯 하는 자세로 살아야 될 것 같습니다."

"그렇다면 외손자를 낳아서 잘 기르고 교육하려면 구체적으로 어떻게 하라는 뜻인지요?"

"할머니께서 제가 말씀드리는 것을 신랑과 신부가 진실한 마음으로 생활화하기만 한다면 이 신랑과 신부는 아들을 낳은 후 부유하고 행복하게 오래오래 살아가게 될 것이니 꼭 실천해야 할 것입니다."

이 원장이 생활용신 처방을 내려주길 첫째, 가능한 한 지금 살고 있는 곳보다 위도상 따뜻한 남쪽으로 내려가서 생활할 것.

둘째, 직장에서 인사이동이 있을 때는 자청을 해서 먼 지방이나 아예 남쪽에 있는 따뜻한 나라로 지원할 것.

셋째, 54세까지는 업무의 특성상 항상 부부가 멀리 떨어져 살아야만 오히려 부자 소리 들으면서 행복하게 지내게 될 것이라고 하면서 반드시 실천하도록 일러주었다.

그 후에도 할머니가 가끔 전화를 하시더니 1996년 추석 명절 때 싱글벙글하면서 외손자를 봤고 이름을 지어달라고 찾아왔다. 사위는 그 해부터 인도네시아 현장기사로 파견근무 중이라고 하면서 월급은 외화로 책정하기 때문에 국내에 있는 것보다 더 많이 받고 있으며, 따님은 그 월급을 잘 관리해서 상가와 빌딩을 사서 노후대책으로 월세를 받아 모은 돈을 또 재투자해왔다고 말했다. 이러다보니 일찍 결혼한 친구들보다 오히려 부유하게 지내면서 시집 식구들에게 복덩어리 며느리로 귀여움을 받아가며 살고 있다고 했다.

그 후 일 년에 두 번 휴가를 올 때마다 인사를 오더니, 아예 최근에는 남편은 자카르타에서 근무하고 있으며, 따님은 아들의 영어 교육을 위해 인도네시아에 수라바야에서 살고 있다고 소식을 전해왔다.

02. 조상을 지극정성 모셨더니…
- 조상님 제사를 밤 11시반에 지내면 특별한 보상이 있는 법

귀품이 있어 보이는 중년 여성이 소녀처럼 몹시 수줍어하며 찾아왔다. 한참 만에 그녀가 간신히 처음 한마디 말을 건넸다.

"저 교회 다니는데 이런 곳에 와도 되는지 걱정이 되네요."

"이 학문을 보통 역리학이라고 하는데 이러한 상담을 전문으로 하는 사람들을 중국에서는 명상가(命相家)라고 부릅니다만, 제가 보기엔 고대천문학의 한 분야입니다."

"그런데 왜 미신이라고 하는지요?"

"그런 부분도 있을 수 있는데, 그 이유는 이 세상 모든 것이 아직은 현대과학적인 입장에서 규명이 되지 못하고 있기 때문입니다. 아마 그런 면에서 본다면 오늘날의 종교 또한 같은 입장이겠지요."

그녀는 고개를 끄떡이며 마음이 편해졌는지 남편과 자신의 사주를 보아 달라고 했다.

"남편께서는 성실 근면하고 청렴결백한 외골수의 사람으로 부정부패한 일과는 타협하지 못하는 성품이기 때문에, 올해 직장에서 퇴직하려고 마음을 먹고 있네요."

"어머! 우리 남편 사정을 어떻게 그렇게 잘 아세요?"

그녀는 신기한 듯 법사를 보더니 잠시 후 바싹 다가앉았다. 앞으로 그들이 살아가면서 쉽게 실천하면 행복할 수 있는 생활용신처방 법을 알려주었다. 아울러 그녀의 이름을 교회에서 받은 세례명인 '안나'로 개명해서 사주팔자에서 가장 희미하게 조명을 받고 있는 별의 에너지를 보강해주었다. 또 그들 부부에게는 양가 모두 살아계시는 조상을 포함해 돌아가신 3대 조상을 지극정성으로 잘 모시면 사주팔자에서는 미약하게 있는 재물의 별과 주파수를 동조시킬 수도 있기 때문에 강하게 일러주었다.

"오늘부터 교회를 다니시더라도 시댁의 3대 조상님의 제사를 살아계시는 분들께 정성껏 봉양하듯 16년 이상 정성을 올리세요. 그렇게 하시면 앞으로 그 조상님들이 감동하시어 기적과 같은 영험으로 하늘의 인도함을 받게 되어 후손 대대로 복락을 누리고 사실 수 있으니 실천하시기 바랍니다. 이 세상에 그 누구도 제가 잘나서 잘 사는 것이 아닙니다. 항상 윗대에 조상님들의 보살핌과 인도함이 있어야 잘 살아갈 수가 있게 되는 것입니다. 조상을 무시하면 신불과 조상도 우리를 모른 채 해 행복의 길로 인도되지 못하여 일생을 갈팡질팡 허둥대면서 살아가게 되니 꼭 제사를 밤 11시 30분에 지내세요."

그런지 11년 뒤인 정초에 그녀는 남편과 함께 찾아와서 정중히 인사를 하면서 전설처럼 입으로만 전해져 오던 내용인 3대조 할아버지 형제분들 19명이 일본 치하 때에 서로 돈을 모아서 옹진군 굴업도에다 일꾼들을 사서 나무를 심고 모래 산에 굴을 파서 그곳에다 땅콩밭을 경작했었다는 내용의 옛날 문서가 어딘가에 아직도 남아 있을 수도 있다는 희망적인 소식을 최근에 듣게 됐다고 말하며 환한 얼굴로 돌아갔다.

그 후 다시 2003년 초 그녀에게 그동안 전개됐던 내용을 들은 바에 의하면 그 굴업도 땅 중에서 15만 8천 400㎡ (4만8천여 평)을 후손들

25명이 상속받을 수 있도록 법적으로 인정받게 됐으며 또 3년 뒤에는 국내굴지의 ○○기업에서 모두 매입, 후손들이 모두 더욱더 부유한 생활을 하게 됐다고 말하고 난 뒤에 180도 다른 전혀 엉뚱한 내용을 물었다.

"제가요 그동안 20년 이상을 보험설계사를 해왔는데 최근에는 이상하게 보험일이 너무 어렵고 잘 안 되네요. 이제는 다른 일을 하면 안 될까요?"

"앞으로도 행복전도사를 계속하셔야만 무병장수하시고 더욱 더 행복하게 살아가실 수 있으니 처음으로 보험 설계사를 하신다는 마음으로 오늘부터 다시 초심으로 시작하세요. 결코 자만하지 마세요."

그녀는 다시 희망차고 꿈 많은 천진스런 소녀가 되어 공손히 인사하고 돌아갔다.

지난 4월 29일 자 인천신문 18면 보도내용에 의하면 CJ 기업에서는 인천시 옹진군 굴업도 대부분 땅에 총 2천700여억 원을 투자해 외국인 관광객들을 유치하기 위해 대형 레저타운을 건설할 계획이라고 했다.

03. 조상 섬기듯 상대를 대해야
- 모든 사람을 조상처럼 섬기면 하늘은 감응한다

이목영 원장은 잠이 오지 않을 때 하늘에 감사하는 마음으로 공부하고 가끔씩 초야에 숨어있는 은사(隱士)들을 찾아뵙고, 의문을 품고 있던 화두(話頭)에 대해 가르침을 받으러 다니곤 한다.

40년 동안 그래왔듯이 지금까지도 상담을 요청하러 오면 모든 것을 우주에 맡긴 마음으로 '무엇을 상담하러 오셨습니까?' 하고 물어본다. 근원적인 문제가 분명해야 그 상대방과 함께 머리를 맞대고 의논하면서 적절한 해결책을 찾아낼 수 있기 때문이다.

누구나 사람은 편견(偏見)을 가질 수 있기 때문에 음기(陰氣)가 시작되는 오후 2시 이후부터는 상담을 마감한다. 그때부터 이름을 짓고, 글을 쓰며, 그동안 상담했던 모든 차트와 통계 자료를 분석하며 연구하는 시간으로 보낸다.

상담을 요청하는 사람에게 좀 더 객관적인 입장에서 생활 용신 처방법을 안내해주기 위해서다. 그래서 이를 '라이프 코칭'이라고 스스로 말한다.

상(相)자를 불경(佛經)에서는 많이 사용하고 있다. 그 외에도 일반적으로도 수상(首相), 재상(宰相), 관상(觀相) 등 많이 사용하고 있다. 이 글자는 나무 목(木) 옆에 눈 목(目)자를 합한 글자다. 즉 큰 나무 중간쯤 올라가서 모든 만물을 객관적으로 보고 생각하며 판단하라는 뜻이 아닐까?

우리 선조들은 신의 지혜를 물려받은 것 같다. 그래서 상(相)이란 글자를 옥편에서 찾아보면 나무 목(木)변에 두지 않고 반대로 눈 목(目)변에서 찾도록 했는데 상(相)자는 두 글자 서로 가 모두 '목'이라고 읽게 된다. 어느 날 오전에 이러한 화두(話頭)를 곰곰이 음미하면서 즐기고 있을 때 40대 후반의 남자가 찾아왔다.

"선생께서는 의리의 사나이로 생사(生死)의 문턱을 여러 차례 넘나들었겠네요?"

"네, 그랬습니다."

"큰 꿈을 꾸고 있으신데 아마 그 꿈이 국회의원? 아니면 도(道)나 시(市)의원? 또는 그 대표 격인 의장(議長))이 될 수 있는 시점이 50대 후반에 있게 될 것 같네요."

순간적으로 그의 작은 눈에서 안광이 번쩍 빛나면서 이 원장의 코앞까지 바짝 다가앉았다.

이 원장은 좀 더 세밀하게 깊은 곳까지 살펴보았다.

"자만하지 마세요. 조상이 돕고 하늘이 도와야 큰 뜻은 이뤄질 수 있습니다."

"그렇다면 조상과 하늘의 도움을 받으려면 어떻게 하면 될까요?"

"조상과 하늘은 인간들 눈빛으로는 서로 파장과 사이클이 다르기 때문에 보이지는 않지만 하늘과 조상님들이 낳은 후손인 이웃에서 함께 살고 있는 사람들과 자손들은 우리네 파장의 사이클과 동조(同調)돼 있어서 우리들 눈에 잘 보이고 있는 것입니다. 그러므로 모든 사람들을 상대할 때마다 조상님과 하느님을 모시듯 하면 당연히 하늘이 돕는 법이지요."

"저의 꿈이 이뤄지려면 앞으로 10년은 더 기다려야 되겠군요?"

"기다리면서 살면 길다고 느끼겠지만 이웃 사람들을 받들어 모시면서 살아가면 짧을 수도 있어요. 만나는 사람마다 조상님과 하느님을 섬기듯 하다보면 그 정도는 찰나적으로 지나가 버릴 수도 있답니다."

이 원장은 그분에게 어떠한 환경에 처하던지 항상 상(相)이란 글자처럼 일상적인 생활 속에서 용신(用神)을 하도록 처방법을 메모해주었다.

그 뒤 10년이 지날 쯤에 ○○광역시의 시의장(市議長)에 당선됐다고 하면서 기쁜 소식을 전해 오더니 며칠 후에는 등산복 차림으로 인사를 하러 와서 하는 말이 '항상 높은 산중에서 생활하시고 있는 것과 같으신 선생님께 감사의 인사드리기 위해 경호원과 비서관이 함께 동행하겠다는 것을 사양하고 등산(登山)하는 마음과 자세로 먼 길을 걸어왔노라'고 밝혔다.

04. 타고난 사주팔자의 상대성

- 남편 마음 돌리려면 무조건 복종이 답

어느 날 30대 후반의 여인이 상담하러 왔다. 이 원장이 본 그녀는 관세음보살과 천사의 모습을 연상케 했다.

"산에서 神仙처럼 사실 분이 세속(世俗)에서 살아가고 있으니 너무나도 힘겹겠네요?"

이 원장은 근원적인 해결책을 얻고자 할 때에는 그와 연관된 모든 사람들의 자료를 살펴본다. 그녀의 사주에는 생년의 천간과 지지는 상관과 정관의 별이 있었고 생월의 천간과 지지는 정관과 비겁의 별이 있었으며, 출생한 날은 산(山)을 상징하고 있는 별이, 배우자 자리에는 편관의 별인 큰 나무를 연상케 하는 별이 강하게 자리잡고 있었으며, 자손 궁인 시(時)간지(干支)에서는 사주전체에서 꼭 필요로 하는 기운(氣運)이 강력하게 흐르고 있었다.

이 원장이 40년 동안 통계 분석해 놓은 자료에 의하면 출생한 시진(時辰)인 1시각인 2시간 =120분을 좀 더 세분해 40분씩 나누면 총 3,110,400가지로 분류하게 된다.

그러므로 그녀와 같은 사주의 명을 타고 난, 태양 표준시간이 같은 사람들의 자료를 역산(逆算)하게 되면 국민 7천만 명 중에서는 22.5명 (70,000,000명을 3,110400으로 나누면 22.5명)이 같은 사주팔자의 삶을 살아가고 있으며, 전래돼 오는 1시진=2시간씩으로 나누면 67.5명이나 같은 운명이 되는 것이지만 같은 시간대에 1~10분 정도 차이로 출생하는 쌍생아도 이름이 다르고 모습과 행동이 다르므로, 이 지구상에서는 그 누구와도 운명이 똑같은 사람은 없는 법이다. 즉 우리들의 지문(指紋)이 개개인 각자 모두 다른 것과 같은 이치(理致)다.

그럼에도 불구하고 그녀와 같은 사주팔자의 공통분모는 십중팔구, 즉, 80~90%는 세속(世俗)에 물들지 않는 사람들인데 결혼해 아기 낳고 살기 시작하면 자녀가 성장해갈수록 더욱더 남편이 무능하게 돼 총각 시절이나 결혼 초에는 그 남편이 어느 누가 보아도 유능하고 앞날이 촉망되며, 나라의 큰 재목이 될 사람이라고 인정받았더라도 그 남편은 갑자기 병이 들거나, 무능해지거나, 식물인간이나, 죽은 사람보다 더 못한 형편에 놓이게 된다. 그러다 보니 시댁 식구들과 그 남편은 그녀를 '재수 없는 여자'라고 원망하면서 살아가거나, 아니면 아예 저세상으로 떠나거나 하는데, 간혹 노년까지 장수하게 되는 남편도 있는데 그런 남자는 매일 아내와 자식들에게 욕설하고 폭행과 온갖 행패를 부리면서 사회와 격리된 삶을 살게 돼 결국은 생사(生死) 간에 이별(離別)을 하게 된다는 것이다.

"앞으로 20년 동안 자손을 양육함에 혼신(魂神)을 다 바치면서 남편 대하길 어린 아들을 기르듯, 간호사가 병자(病者)를 보살피듯 하세요. 항상 그분이 원하는 대로 모든 일을 하세요.

모든 집착(執着)을 죽을 각오로 놓아 버리면, 그 순간 지구보다 더 큰 무궁무진한 보물을 얻을 수 있다는, 도계(道界)에서 가르치는 말로서 '백척간두(百尺竿頭)에서 진일보(進一步)하라'는 말이 있는데, 만약 남편이 명령하기를 '화약을 몸에 지니고 불 속에 들어가라'고 하시면 그렇게 하세요. 그러한 부인을 보고 남편은 즉시, 그 순간부터 부인을 신불(神佛)처럼 받들어 모시게 되고 전생에서 알게 모르게 지은 모든 업보가 녹아내리게 되므로 180도 다른 행복한 인생이 시작될 것입니다. 만약 시댁과 남편을 원망하고 불평하면서 살아가시면 업보를 갚는 시간만 더 길어져서 다음 생으로 이어져 가게 된답니다. 차라리 갚을 것이 있다면 빨리 갚는 것이 최선의 방법이겠지요."

그 뒤에 그녀는 가끔 소식을 전해오더니 최근 어느 날 남편을 중심으로 해 모든 가족이 함께 와서 정중하게 인사를 하는데, 모두 좋은 환경에서 사회에 기여하면서 행복하게 살고 있음을 보고 이 원장은 하늘에 감사의 기도를 올렸다.

05. 사법고시에 합격 통지 받은 날. 현직 여 판사와 결혼 택일도.

어느 날 20여 년 가깝게 지내던 한 부인이 어렵게 상담실을 찾아왔다. 몹시 불안해하고 초조한 모습이 보기가 안 좋아 달력을 보면서 편안하게 덕담을 건넸다.

"소원하고 있는 것 중에 한 가지는 틀림없이 잘 될 것 같네요."

그녀의 굳어 있던 얼굴이 그 순간, 보름달처럼 환하게 밝아졌다.

"저는 점을 치는 방법에 대해서는 35년 동안 연구할 시간이 없었기 때문에 입맛에 딱 맞게 말씀드릴 수는 없습니다. 그러나 문제점 하나를 분명하게 주신다면 근원적으로 그 문제를 풀어보고 해결책을 확실하게 드릴 수는 있습니다. 아마도 이런 입장에서 본다면 현대 의학계의 견해도 같다고 생각됩니다."

그녀가 가슴에 안고 온 문제는 아들이 한 달 뒤에 사법고시를 또 보게 됐다는 것이다.

"합격할 가능성이 높네요."

순간 그녀는 벌떡 일어나 장승처럼 잠시 서 있더니 넙죽 엎드려 큰 절을 하면서 어깨를 가볍게 떨고 있었다.

상담할 때 가장 하기 어려운 말이 '잘 안될 것 같네요'와 '십중팔구 힘들 것 같네요'라는 말인데 다행히도 그 말이 필요하지 않음에 하늘에 감사를 드렸다.

아들은 1977년 양력 12월 1일 오후 2시에 태어났으니 일주가 임진 (壬辰)일이었다.

년의 간지가 모두 정, 편재의 별을 타고났으니 재물이 잘 따르고 부유할 명(命)으로 이론과 경우가 분명하면서 시국관찰력이 탁월하며 계획적인 사고의 소유자로, 자신이 말한 것은 꼭 실천하는 성품으로 적소(適所) 성대(盛大)하면 대성할 수 있으며 세심한 성격으로서 여걸과 같은 여자와 결혼하게 되니 항상 처와 의논하면 처복 및 처가의 덕을 더 많이 받을 수 있게 되니 일상적인 일은 모두 처에게 맡기면 행복하다고 분석돼 있다.

월의 간지는 정인과 비겁의 별을 타고 났음으로 서화(書畵)에 소질을 타고났으며 부모에 대한 효성이 지극해 조금도 속 태우지 않으려하고 어려서부터 착하게 처세하고 공부를 잘하며 절대로 남에게 피해를 주지 않으려고 하므로 반드시 기술이나 특수한 글공부를 집중적으로 하게 되면 능력이 발휘돼 크게 성공, 모든 사람들에게 존경받을 수 있는 위치에 있게 되는 명으로 중년 이후 편안한 생활을 하게 된다고 분석돼 있다.

시의 간지는 정재와 정관의 별로 구성돼 있어 효성스런 자손을 둔다고 돼 있으며 부인이 똑똑하고 현명해 부유한 생활을 하게 되는 명(命)으로 분류돼 있다.

그와 연관된 부모를 포함한 모든 것들과 그 아들의 사주팔자에서의 지지(地支)까지 면밀하게 분석해 보면 생명과 관련되는 생사여탈 권(權)을 관장하는 천라(天羅)지망이란 살(煞)이 75% 자리 잡고 있었음으로 전반적으로 총평을 해본 결과 대인은 '대길'이므로 혈통이 좋은 정통 가문의 후손임을 알 수 있었다. 또 자전궤도인 대운의 흐름이 37세까지 공부하고 연구하는 방향으로 흐르고 있음으로 최상의 인격자로 분석돼 있었고 중년의 대운은 처복과 재물 운이 좋은 방향으로 진행돼 갈 것이라고 암시돼 있으므로 그 부인의 아들 내외는 더욱더 행복한 삶이 약속돼 있음을 예지할 수 있었다.

더 나아가 이름이 관(官)의 별을 나타내고 있는데다 사주팔자에도 배우자까지 사람의 생명을 좌지우지(左之右之)하는 생사(生死)여탈(與奪)하는 별들로 어우러져 있었다.

"2006년에는 아드님의 결혼택일도 받으러 오셔야 될 것 같네요."

이 원장은 한 발 더 내딛어 하늘에서 전하는 희망찬 메시지를 전달했더니 그녀는 다시 일어나 기쁜 마음을 감추지 못했다.

"그렇지 않아도 지금 사귀고 있는 아가씨가 판사로 재직 중인데 혹시나 이번 시험에서 잘못되면 어쩌나 하고 매일 밤을 뜬눈으로 지새고 있었답니다. 고맙습니다. 선생님. 정말 고맙습니다."

그녀는 마침내 감격에 벅차 크게 울음소리를 내고 말았다.

그 후 합격통지를 받은 날 그 부인과 아들은 감사의 뜻을 전해왔고 2006년에는 온 가족이 함께 찾아와서 결혼택일을 정중하게 받아갔다.

06. 우주자연의 이치와 인연
- 청년은 군·경찰 안하면 형무소가 자기 집이 될 걸?

1993년 1월 30살쯤으로 보이는 청년이 상담하러 왔다. 그는 1962년 4월 경술(庚戌)일 오후 6시에 출생했다.

이 원장은 그의 면모(面貌)와 연관된 모든 분들의 명(命)과 이름, 그리고 찾아온 일진과 시간을 대입해 종합적으로 세밀하게 풀어보았다.

"법을 집행하는 직장에서 봉급을 받고 있는 사람이 퇴직하려고 마음먹고 있나요?"

순간 그는 신기한 듯 한동안 이 원장을 쳐다보고만 있었다.

이 원장은 상담 중에 마음이 답답해지면 잠시 일어나서 분위기를 바꾸려고 냉장고에서 과일이나 과자, 음료수 등을 꺼내서 상담하러 온 사람과 함께 먹고 마신다.

"제가 퇴직하고 나와서 앞으로 어떤 일을 하면 좋을는지요?"

"지난해 11월부터 윗사람들에게 계속 꾸중을 듣고 있는 중이며 매일 이런저런 구설수에 시달리며 손재수도 있어서 몇 달 치 월급을 써보지도 못했을 겁니다. 근무 중 일이 앞과 뒤가 구분이 안 돼 멍청해질 때가 간혹 있을 것이며 몸도 천근만근 무겁고 컨디션도 좋지 않아서 당장 퇴직하려고 왔나 봐요?"

그는 아예 입을 딱 벌리고 한 동안을 넋이 나간 사람처럼 멍하니 이 원장을 쳐다보다가 그만 설움이 복받치는지 크게 울음소리를 내고 말았다.

"시간이 날 때마다 역술의 대가가 계시다는 곳에 찾아다니면서 사주(四柱)를 많이 봤지만, 선생님처럼 저를 혼(魂)나게 하신 분은 처음입니다. 저도 취미 삼아 사주명리학 서적을 여러 권을 탐독해서 사주를 풀어 볼 줄은 압니다만, 선생님이 말씀하시는 내용은 그 책들 속에는 없었습니다. 저도 선생님처럼 될 수 있도록 개인지도를 해주시면 평생토록 그 은혜를 잊지 않겠습니다. 제발 가르쳐 주십시오."

"나는 아직 학인(學人)으로 연구하고 있는 중이며 앞으로도 죽는 날까지 고명하신 분들이 계시면 국내외를 불문하고 나는 그 선생님들을 찾아뵙고 가르침을 그때마다 계속 받을 생각입니다. 그리고 오늘 청년을 만난 것처럼 인연이 닿는 사람을 만나면 책 속에 없는 내용도 잘 감지되고 언어구사도 신통하듯 잘 표현되는 겁니다. 즉 청년이 품고 온 문제의 파장과 나에게서 발산되는 파장이 동조(同調)되고 공명(共鳴)할 때만이 그렇다는 겁니다. 이러한 이치(理致)로 부처님께서도 '인연이 닿지 않는 중생은 구제할 수가 없다'라고 말씀하신 것입니다. 마음의 문을 열지 않은 사람과는 파장의 동조도, 공명현상도 모두 이뤄지지 않으므로 인연이 닿을 수가 없는 법이랍니다."

이 원장은 청년에게 실례를 들어 우주자연의 이치와 사람들이 하늘로부터 소명 받은 다양한 직업에 대해 그동안 연구하고 통계 분석한 자료들을 보여주면서 설명했다.

"청년은 정년퇴직할 때까지 경찰공무원으로 근무할 사명을 갖고 이 세상에 왔는데, 억지로 직업을 바꾸면 음양(陰陽)이 바뀌는 법칙(法則)으로 인해 평생 형무소에서 갇혀 살게 될 수도 있습니다. 꼭! 나에게 배우고 싶다면 그것을 청소년 선도 및 범죄예방을 위한 활인(活人)하는 용신(用神)법으로 잘 활용한다면 그것은 하늘이 허락하실 겁니다."

다음날부터 그는 모범 경찰관으로 열심히 근무하기 시작했고 쉬는 날 아침엔 체육관에서 체력을 튼튼하게 하고, 오전 시간에는 음악 학원에서 색소폰 연주법을 공부하며 오후에는 이 원장에게 와서 사주 명리학을 개인지도 받기 시작했다.

그로부터 6개월이 지나 악기를 들고 와서 연주를 하는데 노력한 것을 확연히 느낄 수가 있었다. 또 본인 스스로의 사주를 볼 수 있는 눈이 열리기 시작하자 이 원장이 정년퇴직할 때까지 성실근면하게 경찰관으로 근무해야만 행복할 수 있다는 이치를 확신하게 됐고, 쉬는 날 틈틈이 복지기관과 특수학교를 찾아가 소외된 사람들에게 색소폰 연주를 하면서 행복을 나누어주고 있는 그 청년에게서 천사님과 보살님의 모습을 볼 수 있었다.

07. 수맥과 조상 섬기기
- 조상제사 지내자 며칠 뒤 임대차 5년 계약

2005년 10월 중년의 부부가 상담하러 왔다. 그들의 생년월일시와 모든 것을 종합해 인수분해하고 공통분모를 찾아보니 남편 되는 사람은 을묘(乙卯)일 경자(庚子)월에 출생했으며 그의 아내는 계묘(癸卯)일 신해(辛亥)월에 출생, 모두 일엽편주에 몸을 의지하고 망망대해를 왕래하고 있는 명(命)이었다.

그 남편은 국내 대기업에서 운영하고 있는 동남아 공장의 현장 기술자로서 10년 동안 파견돼 근무하고 있는 성실하고 근면한 사람으로서 1년에 1-2번 있는 휴가 때만 잠시 귀국해 그립고보고 싶었던 가족들과 만나볼 수 있는 삶을 살아가고 있었다. 또 그의 아내는 남편이 매달 보내주는 봉급을 근검절약하면서 가정생활을 하고, 남은 종잣돈을 저축해 약간의 목돈이 모이면 그것을 믿을 수 있는 금융권에 다시 투자해 '눈사람 만들기'식으로 좀 더 커진 목돈과 은행융자를 대출받아 번화가에 있는 상가(商街)건물을 사서 월세를 받고, 그 돈으로 또 저축하면서 노후 대책을 준비하며 살아가고 있었다.

"2년 전부터 현재까지 손재수와 신수가 좋지 못해 생명처럼 소중한 돈을 써보지도 못하고 허망하게 앉아서 잃어버리고 있네요?"

순간 그들은 서로 눈길을 주고받으며 고개를 끄떡이더니 불쑥 그 아내가 말했다.

"네! 2년 전에 있던 업주들이 모두 계약이 만료돼 보증금을 찾아나간 뒤부터 상가에 입주하는 사람들이 없어서 그냥 비워 놓고 있답니다. 무슨 좋은 방법이 있으면 좋겠어요."

"시댁과 친정 양쪽 조상 중에 물로 인해 돌아가신 한 많은 영가들도 있는 것 같은데, 제발 조상을 위한 제사를 밤 11시 30분부터 정성껏 지내세요. 조상과 영혼들이 있기 때문에 종교가 있는 법이거늘. 정성을 드린 만큼 틀림없이 효험이 있습니다."

"어머나! 글로 풀어보는데 조상님도 나오다니…? 시댁에서는 시할아버지, 그리고 친정에 서는 큰 오빠가 그랬던 것으로 알고 있답니다."

"그 상가의 주변에 큰 하천(河川)이 있을 터인데 얼마 전부터 그 하천에 물이 다른 곳으로 흘러가기 시작하면서부터 물의 흐름이 그 상가에도 영향을 주고 있을 것 같네요."

"어머! 너무 신기하네요. 지금도 인천 지하철 작전역 2번과 3번 출구 옆에서부터 상가 부근까지 공사를 하고 있는 중입니다."

다음날 그들 부부와 함께 상가건물 주변과 내부를 면밀히 살펴보고 수맥(水眠)파 감지기로 테스트해본 결과 역시 그곳은 수맥파의 영향이 강력하게 미치고 있는 장소였다.

이 원장은 최소한의 경비로 100일 동안 양가의 모든 조상들을 위한 축원기도와 특별 천도제사를 지내주고 아울러 상가건물 외부와 내부에 영향을 주는 수맥파를 다른 쪽으로 돌려주는 생활용신 처방을 해주었더니 49일째 되던 날 학원을 법인으로 경영하는 업체에서 비어 있는 상가를 모두 사용하겠다고 하며 이왕이면 계약조건을 길게 3~5년으로 하자고 했다면서, 선생님도 계약하는 장소에 함께 자리를 해 달라고 원하기에 계약이 원만하게 이뤄질 때까지 이 원장도 동참, 양자 간에 모두 다 뜻하는 것들이 잘 돼 나아가길 하늘에 기원했다.

08. 생활용신 처방법

- 딸의 방은 달빛이 잘 비치는 곳, 아들 방에는 표범이 포효하는 그림

몇 년 전에 65세 정도의 노년의 부부가 찾아와 자녀의 진로문제를 상담하길 원했다.

아무리 나이가 많아도 미혼인 사람의 명을 볼 때에는 그와 연관된 부모님의 생년월일시와 이름을 풀어 놓고 난 뒤에, 그 당사자의 사주팔자 및 이름과 대조해보면서 상담하는 것을 이 원장은 일상처럼 하고 있다.

그 노신사는 임오년 임자월 정미일 병오시에 출생한 명으로 국가와 사회에 지도자격이며, 조상과 가문을 빛내는 사람으로서 상위의 사주팔자를 타고난 명으로 분류돼 있다. 또 자전궤도인 대운(大運)은 말년에 비견겁재 별(星)들로 빛나고 있었고 그 부부는 자녀를 모두 결혼시키고 난 뒤에는 도심지를 떠나서 한가롭게 살아가고 싶다는 마음을 갖게 하는 별들로 조명되고 있었다.

그러나 말년 대운이 이렇게 오게 되면 노익장 소리를 듣게 돼 늙어도 자손들에게 의지하지 않고 능력을 최대한 발휘하고 있는 중이지만 반대로 자녀는 아직 공부하고 있거나 국가고시 및 취직시험 준비, 또는 미성년자거나, 아니면 정신이나 신체가 강건하지 못해 자녀를 더 보살펴야만 된다는 하늘의 깊은 뜻이 숨겨져 있는 것으로 분류돼 있다.

"자녀에 관해 여러 가지로 신경을 많이 쓰고 있는 운인데 옛말에 '나라 임금님도 자식은 마음대로 되지 않는다'라고 했습니다. 즉 모두가 하늘의 뜻이려니 하고 살아가는 것이 만수무강하시는 비결입니다."

"그럼 우리 아이들이 자기 밥벌이를 하기는 하게 되며, 정말 결혼을 할 수 있게 되는지요?"

"결론부터 말씀드리자면, 할 수 있게 됩니다. 5년 뒤부터 그렇게 될 것 같네요."

이 원장은 빙그레 웃으면서 아들과 딸에 대한 사주팔자를 분석해 놓은 자료를 그들에게 보여 주면서 큰 희망을 안겨주었다.

"그럴 수만 있다면 선생님의 은혜를 평생 잊지 않겠습니다. 아주 마음이 편해지네요."

이 원장은 이러한 내용의 인사말을 너무나 많이 들어온 터라, 그러 하려니 하면서 모든 가족들이 편하게 지낼 수 있는 방법에 대해서 여러모로 자세히 일러주었다. 특히 큰 딸은 달이 잘 비치는 위치로 잠자리를 바꿔줄 것이며 실내 환경을 물이 흐르고 있는 그림을 걸어주고 방안의 분위기를 그것과 잘 어우러지는 방법을 일러 주었다.

또 아들에게는 표범이 포효하는 그림으로 조성해 주면 그 그림에서 파생하는 에너지와 동조돼 사주팔자를 보강해줌으로써 빠른 시일 내에 소원성취를 이룰 수 있게 될 것이라고 자세히 안내해 주었다.

이 원장의 이러한 생활용신 처방법은 이왕이면 다홍치마란 말이 있듯이, 유명화가의 작품이나 유명인사의 글을 도예가들이 빚는 도자기에 새겨 넣게 되면 그 모든 분들의 고매한 혼(魂)의 에너지가 강력하게 발산되면서 항상 살아서 숨 쉬고 있기 때문에 사주팔자에서 부족하고 미약한 별의 에너지를 보충받는 방법으로서도 매우 좋고 합리적이며 또한 그러한 분들의 귀중한 작품을 소장하고 있으면 그 가치성이 날로 높아져 가기 때문에 일석이조 이상의 결과까지도 얻을 수 있을 것 같다고 생각되기 때문이다.

09. 사주팔자와 이름

- 손녀는 사람의 생명을 관장하는 직업에 종사하게 될 것

2~3년 전 결혼택일을 받아간 노부인께서 지난 29일 첫 손녀가 태어났다며 이름을 잘 지어달라고 찾아오셨다.

그 노부인은 25년 가까이 친인척처럼 지내왔던 터라 이 원장이 신생아의 이름을 지을 때는 2~3일 정도 정성껏 이름을 짓는다는 것은 잘 알고 있는 편이다.

이 원장의 생각은 이름을 지어준다는 일은 평생을 부르고 써야 할 것이므로 그의 인생 드라마를 2~3자로 함축시켜서 표현하는 가장 짧은 시(詩)요, 주문(呪文)이기 때문에 그 사람을 평생 동안 책임져야 한다는 것이다.

이 원장의 통계에 의하면 사주팔자와 이름에 비겁의 별이 많으면 도인(道人)이 되거나 실속 없이 평생 동분서주하고 식신 상관의 별이 강하게 비치고 있는 사람은 현실사회에 적응하지 못하고 불만불평이 많으며 반항(反抗)아로 살아가며 재성이 강하거나 많으면, 인생의 가치관이 모두 재물(財物)에 있고, 관성이 많으면 명예나 대의명분(大義名分)에 초점이, 인성이 많으면 이조시대(李朝時代)의 선비의 삶을 살아가는 사람들이 많이 있는 편이다.

"애기 아빠와 엄마의 이름의 첫 글자 발음의 공통분모가 모두 ㅅ과 ㅈ이니 올해는 자손이 태어나는 것을 계시하고 있습니다. 저의 홈페이지에 접속하시면 즉시 이 내용을 지금 당장 무료로 보실 수 있도록 되어 있습니다. 축하드립니다."

태어난 아기의 할아버지와 아빠 엄마의 사주팔자를 포함해 올해의 기문둔갑 신수국까지 포국, 신중하게 들여다본 결과 할아버지에게는 손(孫), 아들에게는 자손을 상징하는 정, 편관(官), 며느리에게는 손(孫)을 출산한다는 공통분모가 있었다.

태어난 손녀의 사주팔자는 무자(戊子)년 己未(기미)월 庚午(경오)일 己卯(기묘)시에 출생했던바, 이름의 첫 글자의 발음을 木(목)이나 水(수)로 하는데 만약 금(金)인 경우는 반드시 짝수의 획수로 선택하되 글자의 뜻이 가을(金)과 겨울(水)로서 사주팔자에서 부족한 에너지를 보충해 주면 좋은 이름이 될 것 같다.

이 원장의 분석 자료에 의하면 그 손녀의 사주팔자를 수평적으로 보면 월 천간과 년 천간이 인성과 인성으로 돼 있으니 온순하고 정숙하며 인내력과 희생심이 강하며 인정이 많은 이조시대의 여인의 특성인 보수적으로 옛것을 선호하는 품성으로서 어른 같은 언행을 구사하는 대한민국의 전형적인 부인형으로 분류돼 있다.

수직적인 분석 자료를 보면 년 천간과 년 지지의 메시지는 효성 지극하고 공부를 잘하는 우등생으로 학교를 다니게 되는데 특수한 문서를 익히고 배워서, 그것으로 노후(老後)까지 생활해야 행복할 수 있다고 돼 있다.

또 지지(地支)에서의 수평적인 분석은 75%가 생사(生死)를 여탈(與奪)하는 살(煞)들로 구성돼 있으니 사람을 살리는 활인(活人) 직업을 갖는 것이 성공의 지름길이라고 분류돼 있다.

또 자전궤도인 대운의 초, '중년은 국가기관에서 일을 하게 되면 행복할 것이라는 메시지를 전하고 있었다.

"태어난 손녀는 사람의 생명을 관장하는 직업을 갖게 될 것이니, 그러한 방향으로 환경적인 요인을 만들어 주면서 양육하시면 크게 성공하고 가문을 빛나게 할 것입니다."

"그렇게만 된다면 얼마나 좋겠어요. 정말 감사합니다. 잘 기르겠습니다. 고맙습니다."

행복한 얼굴로 돌아가는 노부인의 의기양양한 뒷모습에서 앞으로 30년 정도는 더 무병장수해 꼭 자랑스런 손녀에게 꽃다발을 안겨주겠다는 굳센 의지(意志)의 향기(香氣)를 맛볼 수 있었다.

10. 딸과 함께 공부하면
훗날 존경받는 우아한 부모님이 되십시오

2006년 8월 초쯤에 중년의 부부가 왔다.

그들은 연구실에 들어서자마자 즉시 '우리 딸이 여고 2년생'이라고 하면서 18년 전에 선생님이 이름을 지어 주었다고 했다.

그런데 몇 달 전부터는 '빵'을 만드는 전문가가 되어 돈 많이 벌어 부모님께 효도하겠다고 하면서, 점수가 올라가지도 않는 학교공부를 계속 강요하면 집을 나가버리겠다고 엄포를 놓으니 이 일을 어떻게 하면 좋을지 걱정돼 왔다고 했다.

그 딸은 기사년 정묘월 임오일 을사시에 출생했으며 자전궤도인 대운이 재물운에 머물고 있었으며, 또 2006년이 시작되는 때부터 유년운도 2중으로 재물운으로 겹치면서 열심히 공부는 하려고 하지만 성적이 더 이상 오르지 않아 매사가 짜증스럽기만 했던 것이다.

또 다른 각도의 기문둔갑으로 명운을 포국을 해보니 중궁(中宮)에 학문과 기술의 정통성을 상징하는 별이 강력하게 조명하고 있었다.

즉 문서나 기술을 공부하고 연마하면서 살아가야 한다는 하늘의 소명을 받고 태어난 명(命)으로 판단됐다.

"빵! 그것, 따님이 전공할 학문과 유사하네요. 저는 그 방면엔 전문가가 아니기 때문에 상식적인 면만 분류해보면 식품영양학, 유전공학, 생물학, 생리학, 약리학, 생명공학, 서양의학, 동양의학 등등 두루 생명과 건강을 중시하면서 연구하는 학문으로서는 공통분모가 같다고 봅니다."

그들은 이 원장 말에 동감하면서 약간 마음이 편해졌는지 한동안 소파에 깊이 파묻혀 앉아 있었다.

"이번 겨울방학부터 3학년 가을학기까지 그러한 것을 배우고 익히기 위해서 공부는 하지 않고 실습만 하러 다니면서 고등학교를 졸업하게 되면 자동적으로 그 전문대로 입학이 된다고 합니다. 제가 생각할 때는 어떠한 일을 하더라도 누구나 기초적인 학교공부를 하고 그것에 대한 개념이 정립되고 난 뒤에 기술도 익혀야 된다고 생각합니다. 무리한 부탁입니다만 선생님께서는 모든 방법을 총동원해서라도 우리 딸이 꼭 공부를 차분하게 해서 대학교에 진학할 수 있도록 해주세요. 부탁드리고, 또 부탁드립니다."

"오늘부터 딸의 마음이 편안해지도록 하기 위해서는 절대로 '공부'라고 하는 말은 일체 하지 마세요."

이 원장은 말을 이어서 딸에게 일체의 모든 면에서 간섭하지 말 것이며 인격적으로 대학생처럼 대우해주고 신뢰하며, 칭찬을 아끼지 말 것과 자율적으로 모든 것을 하도록 할 것과 부모들도 스스로가 고등학생 2년 과정으로 되돌아가서 시간이 날 때마다 각자 자기 방에서 공부하도록 하라고 일러주었다.

그렇게 3개월 10일 정도를 실천하다 보니 딸도 마음의 문을 열면서 영어 단어를 찾으면서 함께 외우고, 어려운 문제를 함께 머리를 맞대고 풀면서 의논하게 됐고 성적이 차츰 오르기 시작하자 공부에 재미가 붙어 '하면 된다'는 자신감이 생기자 적극적이고 긍정적인 모습으로 무장된 그 딸은 드디어 2008년 초 ○○대학 병리학과에서 합격통지서를 받게 됐다.

　또 각고를 온 가족이 함께 겪으면서 공부한 53세 그의 아빠는 방송통신대학교에서 일본어학과를 장학생으로 졸업해 학위를 2번이나 받는 존경스런 '우아한' 아빠가 됐다.

11. 후천적 환경문제… 행·불행 결정
- 매사 감사하며 정년퇴직할 때까지 근무하면 성공

어느 날 50대 중년 부인이 상담을 하러 왔다. 그 부인은 정유년 병오월 경신일 정해시에 출생하였는데 그 부부들의 이름을 정밀하게 분석해 보니 남편의 이름 첫 글자가 '순'이었고 그 부인도 첫 글자가 똑같이 '순'이었다.

순간적으로 본 그 부인의 눈은 약간 올라가고 큰 편으로 앞으로 약간 나와 있었고 광대뼈가 솟아 있었으며 몸의 동작은 양성적이었다.

또 다른 차원에서 살펴보면 이런 相은 직장인들 중에는 퇴직하게 되는 사람이 많고, 사업하는 사람은 폐업을 하거나 그럴 만큼의 아주 난감한 입장에 처하게 될 가능성이 높은 사람이 많다고 되어 있었다.

"남편이 당구장을 하겠다고 맨날 보채는데 하면 잘될까요?"

"큰일 날 소리. 절대로 안 됩니다. 남편은 쇠, 즉 철강과 연관된 기술자로 성공할 사주팔자를 타고났습니다."

"네 저도 선생님과 똑같은 생각을 하고 있습니다. 그러나 막무가내인 우리 남편은 당구장을 하고 싶어 해요."

"지난겨울 12월부터 직장에서 나와 쉬고 있는 운인데 그런가요."

"네 그때부터 아주 당구장에서 살고 있어요."

이 원장은 양손으로 크게 ×를 표시하면서 그 부인의 사주팔자 명과 남편의 명국을 자세히 살펴주었다.

그 부인의 사주를 분석해 보면 수평적으로 월간과 연간, 그리고 수직적으로 보는 월주의 천간과 지지가 모두 정 편관의 별들이 강하면서 왕성하게 조명되고 있었다.

즉 그녀는 부모가 정해준 남편과 결혼하여 살아가면 평생을 행복하게 살 것이고 부모의 말을 따르지 않고 연애결혼하면 친정과 단절하면서 평생을 힘겹게 살아가야 한다고 분석되어 있었다. 그러나 똑같은 생년월일에 출생하였다 하더라도 '어떠한 이름을 부르고 쓰느냐'와 '어떻게 살아갈 것인가' 하는 후천적인 환경문제가 행·불행을 결정하게 된다는 논리가 이 원장의 분석결과였다.

또 부인의 명을 통해서 본 남편 되는 사람은 멋은 있으나 뜬구름을 잡아 보겠다는 허망한 꿈을 꾸는 사람들 중 하나이며, 한순간의 일확천금을 만져 보겠다는 요행심으로 실속이 없이 사방팔방을 분주하게 떠돌아다니고 있어 부인 역시 수많은 눈길과 유혹을 피하기 쉽지 않는 명이었다.

이런 사주의 명은 뭇 남성들로부터 눈길과 유혹을 많이 받는 연예인이 아니라면 반드시 부모님이 정해주는 남자와 결혼을 해야만 행복한 삶이 보장된다는 것이다.

이 원장은 중년 부인에게 생활용신 처방을 몇 가지 일러주었다.

첫째 남편은 단돈 1만 원을 받더라도 감사하는 자세로 직장에서 정년까지 근무할 것.

둘째 남편의 모든 신용카드는 사용하지 말고 버릴 것.

셋째 부모형제 간이라도 재물에 관계된 일이라면 모든 권한을 부인에게 일임할 것.

넷째 공식적인 일에서 큰돈을 써야 할 때는 반드시 어머님이나 부인이 동석 하에 결행할 것.

그 후 지난 7일 그녀는 조카와 함께 와서 배우자의 궁합에 관해 상담하면서 남편이 큰 배를 만드는 조선소에서 용접기술자로 좋은 대우로 일하게 됐다며 고마움을 표시하고 돌아갔다.

12. 분수에 맞는 소원과 정성
- 남편의 천직은 전기 전파 화공 관련 군인, 경찰

　올해 초에 40대 후반의 중년 부인이 상담하러 왔었다. 그의 남편은 임인년 임인월 경자일 병자시에 출생했다. 또 자전 궤도인 대운은 정관, 편관의 별이 강하게 조명하고 있었으며 공전궤도인 2008년도의 년운은 편인의 별이 비치고 있었다.

　"초혼(初婚)으로는 백년해로(百年偕老)하기 어렵다고 하는 사주팔자와 이름을 쓰고 있네요."

　"네. 선생님 그렇습니다. 남편의 전 부인이 돌아가셔서 제가 제사를 정성을 다해 모셔드리고 있습니다."

　"전래돼 오는 일설(-說)에 의하면 조상님들의 영혼은 돌아가신 전날 밤 11시 30분부터 다음날인 0시 30분 사이인 자시(子時)에 모시는 제사에 우주의 파장과 동조(同調)되기 때문에 이 시각에 편안하게 오실 수가 있다고 합니다."

　이 원장은 말을 이어 특별히 지정된 민속의 날과 다가오는 9월 14일의 추석 명절에는 우주 법계에 미리 예고된 하늘의 특별법에 의해 모든 천신(天神)들의 보호가 있어서 오전에 차례를 지낼 수 있는 것이며, 이러한 이치(理致)로 모든 종교단체에서는 제례(祭禮) 행사를 밤 0시에는 지내지 않고, 낮에만 집전(執典)한다는 점에 대해 간략하게 설명하면서 그러므로 우주 자연의 이치에서 볼 때 합당하고 분수에 맞는 소원을 정성된 마음으로 100일 이상 올리면 그 염원이 응집(應集)돼 하늘이 감응할 때, 모든 것을 초월해 기적(奇蹟) 같은 일이 나타나기 때문에 모든 종교가 발전해 왔던 것이라고 쉽게 일러주었다.

"그래서 정성을 다해 지금의 남편과 함께 살려고 최선을 다했는데도 남편은 공직에서 옷 벗고 나올 입장에 있답니다. 혹시 제가 남편의 앞길을 막는 재수 없는 여자는 아닌지요?"

"전혀 그렇지 않아요. 세상만사 모든 것은 자기 탓이니까요."

이 원장은 웃으면서 수신호(手信號)로 그녀의 부정적인 망상의 뿌리를 아예 뽑아버렸다.

그러면서 남편 사주팔자를 풀어주면서 모험심과 위험성을 동반한 특수한 직책의 군인이나 경찰로서 불이나 화공약품과 연관된 일을 하도록 하늘로부터 소명을 받았으나 이달의 운세가 최악의 상태로 바닥을 치고 있기 때문에 어쩔 수 없이 퇴직할 입장에 처해 있겠지만, 걱정만 한다고 해결될 일이 아니므로 그들 스스로가 쉽게 실행할 수 있는 몇 가지 방법을 일러주었다.

첫째 하루에 한 번 이상 편안한 장소에서 108배의 절을 하면서 '제가 지금까지 살아오는 동안 알게 모르게 지은 잘못된 모든 일들과 죄를 온 우주만물과 모든 사람들에게 진정으로 참회하고, 반성하오니 저를 바르고 옳은 길로 인도하옵소서.'라고 하면서 하늘에 기도할 것.

둘째, 양쪽 가문의 '조상대대 친족 및 연족의 일체의 모든 영혼들이 밝고 따듯하며 행복한 나라로 나아가시라'고 100일 동안 축원하면서 잠자리에 경면주사로 쓰고 그린 금강경탑다라니를 덮고 잘 것 .

셋째, 아호를 지어서 100일 이상 쓰고 부르며 도장을 새겨서 소중하게 사용하고 보관해둘 것 등이었다.

그런지 7일 후 그 부인으로부터 기쁨에 들뜬 전화가 걸려왔다.

"선생님! 감사합니다. 고맙습니다. 정말 기적 같은 일이 생겼네요."

또 180일이 지난 8월 22일 금요일 12시에 그녀는 올케와 함께 안산에서 감사한 마음의 인사를 하러 왔다.

"우리 남편에게 상상도 할 수 없는 일이 또 생겼다고 하면서 너무 기뻐하고 있어요. 선생님, 정말 고맙습니다."

그 부인의 말에 의하면 공직에 있는 그의 남편은 직무의 특성상 앞으로 8년을 경과해서 정년퇴직할 때라야 겨우 승진이 될까 말까 하는 법인데 하늘과 조상님의 보살핌으로 내달에 특별 케이스로 승진하게 됐다는 것이다.

13. 사주팔자를 초월해 사는 방법

- 알게 모르게 지은 죄업 참회 기도가 최고

오래전에 60대의 노부인이 찾아와서 다급하게 말했다.

"제 사주팔자 좀 봐주세요."

그 노부인이 일러준 생년월일은 갑술년 신미월 갑오일 날에 출생한 명(命)이었다.

1971년 이전에 태어난 사람들의 생년월일시는 행복하지 못했던 그 당시의 시대를 반영하듯 일부분의 사람들의 출생년월일은 형제들과 뒤바뀌었거나 전혀 다른 년도에 출생신고가 돼 있는 사람들이 많이 있는 편이었다.

특히 태어난 날이 정확하지 않으므로, 출생한 시각이란 것이 1일에 24분의 1일이기 때문에 명(命)을 분석하는 과정에서 운명에 미치는 영향이 미미하다는 결과를 얻었다. 그래서 아예 출생한 시각은 제외하고 통계를 40년간 내고 분석해 오고 있는 중이다.

생년월일이 명확하지 않은 점과 출생 시간이 미지수(未知數)인 부분을 보완하기 위해서 이름들을 집계를 내어 통계 분석한 자료들과 그 사람에게서 풍기는 면모(체상과 관상 및 언어와 행동에서 표출되는 심리)와 입태(入胎) 했을 때의 사주(四柱)명(命)인 오운육기(五運六氣)학과 손자병법의 저자 손빈 선생의 육임신과(六壬神課), 그리고 제갈공명의 기문둔갑 학술 등을 종합해 상담을 하고 있기 때문에 오히려 찾아온 사람에게 병원에서 문진(問診)하듯 어떤 일로 오셨냐고 반문한다.

"어떤 것을 중점적으로 상담해 드릴까요?"

"무조건 딱 알아맞혀야 용한 것 아닌가요?"

"여기는 점을 치는 곳이 아닙니다. 저는 인생 진로, 진학, 전공, 직업, 궁합, 작명 등의 특별 상담만 합니다."

어정쩡하게 서 있던 노부인은 한참 뒤에야 자리에 앉으면서 이왕 왔으니 이 원장이 보는 방법대로 사주팔자를 보아 달라고 했다.

"노부인께서는 남편과 35세부터 44세까지의 정묘대운에서 생사이별을 할 운명이며, 음식과 연관된 일을 일생 동안 사방팔방을 오가며 해야만 좋다고 하늘로부터 소명 받았는데 딸, 사위에게는 용돈을 받을 수 있지만 아들은 생사이별하거나 정신지체 장애 등으로 세상과 격리되어 살아가게 될 것으로 예상되니 오늘부터 모든 것을 혼자의 능력으로 89세까지 살아가실 노후대책을 마련하시길 바랍니다."

그 순간 노부인은 '지금 현실이 그렇게 되어 가고 있다.'고 하면서 털 퍼덕 내려앉으며 손으로 방바닥을 치면서 엉엉 울었다. 어느 정도시간이 흐른 후 이 원장은 냉장고에서 꺼내놓은 시원한 음료수를 권하면서 전생(前生)에서 지은 업보(원죄)인 사주팔자를 초월해서 행복하게 살아갈 수 있는 몇 가지 방법을 소상히 일러주었다.

그러면서 한 가지를 꼭 실천하도록 일러주면서, 오늘 하루 사는 것이 100년을 사는 것과 같으며, 하늘과 우주 만물의 생명의 인자(因子)는 사람의 생명인자와 같은 것이니, 오늘부터 편안한 장소에서 편한 시간에 30분 정도 온몸을 낮추고 엎드려서 '지금까지 살아오는 동안에 알게 모르게 지은 모든 잘못된 일들과 죄를 모든 우주만물과 사람들께 진정으로 참회하오니 용서해 주시어 저를 옳고 바른 길로만 인도

하여 주시옵소서.'라고 100일 이상 생명까지도 제사상에 올리듯 기도
하시면 그때부터 천지신명이 노부인의 그림자처럼 언제 어디서나 항
상 함께 하시게 될 것이라고, 여러 가지 시례를 들어 확신을 갖도록
안내해 드렸더니 상담실을 나갈 때의 뒷모습은 50대 여인의 향기를 풍
기고 있었다.

14. 운(運)의 실체
- 전국 방방곡곡 땅을 밟고 다니는 일이 천직입니다

 20년 전 초여름. 50대 중반의 중후하면서도 잘생긴 중년 신사가 상담하러 왔다.

 그분은 1934년 9월 22일 늦은 저녁에 태어난 것으로 알고 있다고 했다. 사주를 풀어보니 갑술년 갑술월 갑술일 갑술시에 출생한 특별한 사주의명이었다.

 "우리나라 전국 방방곡곡을 내 집처럼 드나들면서 아침에는 동쪽에서 식사하시고, 밤잠은 서쪽에서 주무시고 있나 봐요?"

 "야아… 참으로 신기하네."

 순간 함께 온 일행이 옆에서 있다가 벌떡 일어나면서 탄성을 토해냈다.

 "우리들은 부동산 중개업을 하고 있는데 어제 아침에 일찍이 강원도에 갔다가 밤늦게 인천에 와서 잠을 자고 오늘 선생님을 만나러 왔으니까요."

 "보고 오신 땅이 너무 큰 것인가 봐요. 여러 필지로 돼 있을 터인데, 아마 그 숫자가 5로 시작되는 것 같네요."

 한동안 넋을 놓고 있는 그들 뒤를 돌아서 냉장고에서 음료수를 꺼내 함께 마시자고 권하면서 이 원장은 엄숙하게 한마디 건넸다.

 "놀라지 마시고 제 말씀을 참고하시면 노후를 살아가시는 일에 좀 도움이 되실 것 같습니다. 선생님의 사주팔자는 이조시대에 영조 대왕님의 사성(四星)의 명(命)과 유사하거나 똑같습니다. 다만 태어난 시각이 분명치 않은 점과 태어난 장소가 다르면서 시절인연이 다르고 혈통이 다르며 DNA와 이름이 다르고, 습관 및 품격(品格)과 그릇에 차이가 있을 뿐, 전국의 땅을 지도를 펴놓고 살펴보고 나서 직접 답사(踏査)하러 다니시며 땅 문제로 고민하시는 것과 또, 내적으로는 자녀들의 관한 문제까지도 거의 유사한 것 같습니다. 즉, 전국의 동서남북 모든 땅과 그곳에서 사는 모든 사람들까지 보호하면서 친형제처럼 아끼며 살아가라고 하는 것을 하늘로부터 소명을 받으신 것이니, 오늘부터 큰 자긍심을 갖고 사회를 위해 힘이 닿는 데로 봉사하면서 살아가시면 더욱더 크게 성공하시어 행복하게 사시게 될 겁니다."

그들은 한동안 모든 것들이 정지된 듯 숨소리도 내지 않고 있었다. 그러한 그들을 그윽하게 바라보던 이 원장은 사업 운을 묻는 그들에게 운(運)에 대한 실체를 쉽게 설명해주려고 혼신(魂神)을 다했다.

"운이 오고 간다는 말과 운이 좋다거나, 흉하다거나 하는 말을 들어보셨을 것입니다. 이것은 마치 인간들이 숨을 쉬고 살아가고 있는 이 땅에는 공기(空氣)가 어느 곳이든 항상 충만하게 있기에 공기가 오고 가지 않는 것처럼, 운이란 것도 결코 오고가지 않습니다. 다만 각자가 평생을 살아가는 동안에 마음 밭에다 복(福)씨를 심고 가꾸어온 만큼의 습성이 응집된 기운(氣運)의 파장(波長)과 동조돼 공기가 좋은 곳으로 인도돼 살아가거나 반대로 공기가 좋지 못하고 불편한 곳으로 인도돼 살아가게 되듯 운기도 가꾼 만큼의 결과에 의해서 운이 좋거나, 좋지 못한 곳으로 인도돼 가는 것뿐입니다. 그러니 오늘부터 매일 하루에 한 가지씩 좋은 일을 하시면서 살아가시는 것도 복(福)씨를 심고 가꾸시는 일이 될 것입니다."

그러면서 이름과 대운에서 묵시적으로 암시 하고 있는 메시지 몇 가지를 간곡하게 일러주었는데 특히 앞으로 다가오는 제삿날부터는 밤 11시 30분부터 다음날 0시 30분 사이에 모든 가족과 함께 조상님을 위한 제사를 마치 살아계신 분께 대접해 드리듯 정성껏 올릴 수만 있다면, 오랫동안 섭섭하게 여기셨던 조상님들의 노여운 마음이 봄눈처럼 서서히 녹으면서 하시는 일마다 지혜를 주실 것이라고 일러 주었다. 그런지 100일 정도 지난 뒤에 그들은 추진하고 있는 일들이 모두 잘 돼가고 있는 중이라고 하면서 감사한 마음을 전하러 왔는데, 처음에 상담 차 방문했을 때와는 달리 어깨에 힘이 들어가 있었으며 자긍심 높고 품위가 있는 전문가로서 비행기를 타고 출장을 다니는 한 차원 높은 VIP맨이 되어가고 있는 것을 느낄 수 있었다.

15. '제사' 조상님께 올리는 감사의 예(禮)

- 제사 3년 정성껏 지내자 할아버지가 빼앗겼던 땅 되찾아

4년 전 9월 어느 날. 그날도 상담했던 모든 분들을 위해 축원 기도가 끝나는 오전 10시경에 먼 지방에서 상담하러 온 분이 연구실 앞에 주차할 공간이 없다고 해서 나가보니, 정문 앞에 처음 보는 승용차가 있었다. 차 임자가 복 받을 사람인지, 메모해 둔 전화번호로 전화했더니 급히 와서 차를 뒤로 옮겨주었다.

고맙다고 정중하게 인사했더니 옆 건물에 있는 한 보험회사를 17년 동안 다니고 있고 있는 설계사라고 명함을 주면서 오래전부터 상담을 받고 싶었는데, 마침 오늘 회사원들과 회식을 한 뒤인 오후 1시에 상담하러 와도 되느냐고 물었다. 그는 약속한 시간에 왔는데, 그분은 갑오년 임신월 정유일에 태어났으나 시간은 정확하지 않기 때문에 그 점을 참작하면서 이름 및 모든 면을 종합적으로 하여 상담하기 시작했다.

"사주팔자 중 월주에 있는 관(官)의 별과 재(財)의 별이 연합해 일주로 모여드니, 모든 사람의 재산을 국가를 대신해 관리해주는 일을 30대 후반 무진(戊辰) 대운부터 아이들의 장래를 위해 시작했을 겁니다."

"맞아요. 남편은 그 무렵부터 술로 밤낮을 지새다가 지난 98년 10월 3일 돌아가셨으니까요."

"제사를 지내지 않는 이유가 뭡니까?"

"어렵기도 하고, 믿기도 해서요."

"사람은 전생에서 지은 복에 의해서 생년월일시를 받고 태어나기 때문에 현재의 모든 생활의 형편은 다 자신의 탓이랍니다. 오늘부터라도 부인과 자녀들이 행복하게 살기 위해서는 돌아가신 남편의 제사를 돌아가신 바로 전날 밤 11시 30분부터 그 다음 날 0시 30분 사이에 양심이 허락하는 대로 정성을 다 바쳐 지내시면, 다음날부터 응답이 있을 겁니다. 만일 응답이 없다면, 다시 또 납작하게 엎드려 머리를 조아리고 진심으로 참회하고 용서를 구하세요. 틀림없이 좋은 환경으로 인도해주실 겁니다."

이 원장은 이어 우리 민족이 추석 명절 때 조상님께 올리는 제사는 서양 사람들의 입장에서 보면 추수감사절인데, 우리 민족의 조상님들은 농경생활을 위주로 살았기 때문에 음력을 써왔고, 서양인들은 유목생활을 했기에 양력을 사용했을 뿐 그 제사를 올리는 목적은 중추(中秋)가을에 처음 수확한 모든 양식을 하늘에 계시는 조상님신과 천지신명께 감사의 예를 올리되 자신의 생명처럼 아끼는 모든 것을 다 바치는 것이라고 쉽게 설명해 주면서 돌아오는 추석 명절 및 10여 일 뒤에 있을 제사를 조상님들이 감응하시도록 지내라고 당부했다.

그런지 3년 뒤에 찾아온 부인은 인천시 옹진군 승봉도에 전혀 생각도 해보지 못했던, 잃어버렸던 조상님의 땅 일부분을 찾게 됐다고 하면서 그 땅에 대한 제반 권리문제에 대해 다각적으로 상담을 하고 돌아갔다.

그 뒤 지난 9월 8일 후손 중에 5촌 정도 되는 아저씨 댁과 공동명의로 소유권 이전 등기를 마쳤다고 하면서 등기 권리증을 이 원장에게 보여주었다.

"그동안 성실하고 근면하게 살아오신 대가로 하늘로부터 보상을 받으신 것이니, 앞으로는 좀 더 조상님을 섬김에 있어서 항상 감사한 마음으로 정성을 다 바쳐서 몸소 실천하시면 더욱더 좋은 일이 지속적으로 생길 것입니다."

이 원장은 이어 그녀와 자녀들의 장래에 대해 행복하게 살 수 있는 구체적인 생활 용신 처방법과 인생 설계도를 선명하게 각인(刻印)해주면서 매일 편한 장소에서 시간이 날 때마다 108배를 하면서 '오늘 이 시간까지 살아오는 동안 온 우주만물과 모든 사람들에게 알게 모르게 지은 죄와 잘못한 모든 것들을 진정으로 참회하고 용서를 바라오니, 오늘부터 제발 저를 밝으며 행복한 곳으로 인도해 주시옵소서.'라고 우리 모두 발원(發願)기도하자고 권했다.

16. 독립하지 않은 자녀의 인생 진로
- 반항아 되지 않게 군입대 전 젖가슴 수술해 주시죠

  3년 전 어느 날 찾아온 부인을 편안하도록 이웃에서 자주 만나서 일상적인 이야기를 나누듯이 상담했다.

  "의논하시고 싶은 내용이 어떤 일인가요?"

  "아들이 올해 군 입대 신체검사를 받아야 하는데 대학교를 졸업한 뒤에 입대하고 싶어 합니다만, 큰딸도 대학을 다니고 있기 때문에 가족들은 아들이 입대하기를 권하고 있는데 어떻게 하는 것이 더 좋은 방법이 될는지요?"

  이 원장은 결혼이나 대학입시 및 군 입대, 또는 외국유학, 직업 및 취업 등의 인생 진로에 대한 특별한 전문상담을 할 땐 자녀들은 아직 독립하지 않았기 때문에 강력하게 영향을 미치고 있는 부모님의 명을 함께 살펴본 후에 결정해야 할 중대한 사안이므로, 비전(秘傳)된 여러 가지 방법을 총망라해 命의 품격과 그릇의 크기를 종합적으로 살펴본다.

  "이 운세는 부모님은 자녀를 여의는 운이며 아들은 부모님을 멀리 떠나가는 운이니, 올해 말이나 내년 초에 군에 입대를 하면 좋을 때입니다. 만일 부모님과 함께 있으면 반대로 자유가 없는 교도소나 병원에 입원하거나, 만날 수 없는 곳에 있게 될 수도 있는 운이네요."

  이 원장이 통계 분석한 사주팔자 명에서나, 이름에서 인성이라는 별

(星)이 많이 있으면 남녀 모두 젖가슴의 좌우가 현저하게 차이가 나는데 그 아들이 바로 그 대상이었다.

부모로서도 몰랐던 일이었겠지만, 이러한 비밀을 그 아들은 20년간 외롭게 고통받고 살았을 것이라고 판단한 이 원장은 '말아톤'이란 영화 속의 주인공인 '초원'이와 그 어머니를 연상하면서 눈시울을 적셨다. 그 부인도 전혀 모르고 있었던 아들의 가슴 아픈 사정을 알게 된 그 순간, 아들을 향해 속죄하면서 체면불구하고 한 동안을 엉엉 울어버렸다.

"아마 그러한 말 못 할 비밀 때문에 대학 졸업 후에 입대하겠다고 말하는 것 같으니 수술을 해주세요. 의료보험의 혜택도 있을 것 같네요. 그래야만 매사 공격적이고 반항적인 아들이 차츰 부모님의 말씀을 믿고 따르기 시작할 것 같네요."

자녀들이 성장 과정에서 부모님들의 사랑을 충분히 받지 못하게 되면 대부분 정신 장애 및 신체적인 결함을 짊어지고 음지(陰地)에서 살아가고 있음을 누구나 많이 보고 있는 것이 현실이다. 오늘날 결혼한 부부들이 싸움을 자주 하게 되면 그 자녀들은 정서적으로 불안한 환경에서 유아기와 소년기를 거쳐 청년이 되는 과정에서 성장 호르몬의 분비가 균형을 잃기 때문에 몸과 마음의 상태가 한쪽으로 치우쳐지므로, 항상 정서가 불안해 편향된 판단과 공격적인 행동으로 인해 이웃들과 격리돼 외롭고 불행하게 살아가고 있는 사람들을 많이 볼 수 있다.

그나마 현재 부분적이기는 하지만 종교 집단이나 국가사회단체에서 이들을 사랑으로 감싸 안아주고 치료해준 뒤에 가족의 품으로 되돌려 보내주려고 노력하고 있는 면에 대해서는 사회 각 분야 모두가 경의를 표하고 있다.

또다른 방법이 있다면 근원적인 대책 중의 하나로 미래지향적인 차원에서 볼 때 국민 개개인이 건강하고 행복지수가 높아야 국력이 튼튼해짐으로써 '출생신고 접수 때 담당 기관에서 사업자등록증이 있는 작명전문가의 작명 증서'를 첨부받도록 하는 '작명가 실명제'를 점차적으로 실시해 보는 방법도 국익이 될 것이라고 이 원장은 항상 생각하고 있다. 여하튼 이름을 짓고 인생 문제를 상담함에 있어서 평생을 책임진다는 각오로 명품브랜드로 내놓은 '작명 닷컴'을 운영하고 있는 이 원장은 그들 가족 모두가 매일 사랑과 행복으로 충만할 수 있는 우주의 파장과 교류되도록 조절하면서 당사자들이 직접 실행할 수 있는 몇 가지 생활 처방을 일러주었다. 그런지 3달이 지날 무렵에 그들 모자가 함께 인사를 왔는데 품격을 형성하는 에텔 체인 인격 혼이 밝게 자리를 잡아 가고 있음을 감지한 이 원장은 천지신명을 향해 공손히 두 손을 모았다.

17. 스스로의 생각과 마음을 바꾸면…

- 남편께 알게 모르게 잘못한 것들을 참회하는 기도하면서 기다려 보세요

1993년 봄에 40대 중반의 부인이 상담실을 찾아왔다.

이 원장은 지나가는 말로 "너무나 큰 보석이라서 부인 혼자서 지니기가 어렵겠네요."

"보석? …이라고 하셨나요."

그녀의 사주팔자 명은 경인년, 무인월, 무인일, 갑인시였다.

"출생한 년 월 일 시의 12 지지(地支)가 똑같은 인(寅)이란 글자로 통일된 '지진 일기격'이란 고귀한 사주명을 타고났네요."

"제 사주팔자가 고귀한 명이라고 보신다면, 선생님은 아직도 선무당이네요. 저는 평범한 전업주부입니다."

"네! 잘못 볼 수도 있습니다. 저는 죽고 난 뒤에 또다시 태어나도 사주 명리학에 관한 전반적인 공부를 더 많이 하여 연구한 내용들을 세상에 펴낼 작정이니까요."

이 원장이 느낀 바에 의하면 그녀의 몸에서 나는 향기는 외롭고 고독하며 심신이 병든 사람들의 육체와 영혼들을 편안하게 해주는 에너지가 은은히 느껴지고 있었다. 또 이 원장의 연구 분석 자료에 의하면 출생년이나 월의 천간과 지지가 상관의 별과 편관의 별로 구성돼 있는 사람들의 직업은 법조계, 의학계, 종교계, 교육계, 군인 및 경찰 등 위험성이 높은 일과 살신성인(殺身成仁)하고 신사유명하는 지사, 열사,

민주투사가 많이 있다고 돼 있다.

또 유전공학적인 면이나, 우주자연론에 근간을 두고 있는 불교의 인연법과 연관해 보면 본인이 아니면 혹시 배우자나 부모, 직계 자손이 그렇다는 것이 이 원장의 연구 내용과 일맥상통하기 때문에 '세상에서 가장 값진 보석'이라고 말해주었던 것이다.

"선생님의 말씀이 맞습니다. 저의 남편은 종교지도자입니다."

그 부인은 한(恨)이 많은지 쉼표 없이 말하는 내용들을 요약해보면 그 남편은 가정을 먼저 돌보고 난 뒤에 사회적으로 이웃과 형제들을 위하는 일을 하면 좋겠는데 집은 아예 뒷전으로 하고 밖으로만 동분서주해 많은 사람들에게는 존경을 받고는 있지만 가족들은 일 년에 손으로 꼽아 볼 만큼만 만나볼 수 있다는 것이다. 그래서 그 남편이 가정을 먼저 생각하게 하는 방법이 있다면 안내해 달라고 상담하러 왔다는 것이다.

"전생에 지은 복만큼 사주팔자를 타고난다고 합니다. 남편의 모든 것을 바꾸려 하지 마시고 차라리 부인 스스로의 마음과 생각을 바꾸시는 것이 최선의 방법 같네요."

이 원장은 그 부인의 사주팔자를 풀어주면서 남편이 가정적으로나 사회적으로 모두 모범적이고 부인을 지극하게 아끼고 사랑하는 멋진 남성으로서 자녀를 낳고 그 자녀들이 성장해가는 과정에서 부인의 사주명에서 파생되는 흉한 에너지(흉한 살)가 어느 날 갑자기 그 남편을 무능하거나 사회에 적응할 수 없도록 만들게 되므로, 오히려 부인이 경제활동의 주체가 되어 일평생을 그렇게 된 남편을 감싸주고 간호하면서 보살피며 봉양해야 할 운명인데, 천지신명과 조상님들의 보살핌이 있어 다행하게도 부인과는 떨어져 살아가고는 있지만 모든 사람들에게 존경받고 보석처럼 빛나게 생활하고 있는 남편은 부인의 명에서 파생되는 그러한 흉한 살(殺)을 직접적으로 받지 않고 살아가고 있는 것이 감사할 일이라고 말했다.

또 더욱이 수고하고 무거운 짐을 진 인연 닿는 모든 사람들을 편히 쉬도록 건강하신 모습으로 동분서주하고 있으니 지금부터 지난날 알게 모르게 지은 모든 잘못한 죄업을 조상님들과 하늘에 진심으로 반성하며 용서를 구하고 항상 모든 일에 감사를 올리라고 일러주었다.

18. 똑같은 사주팔자도 환경 따라 달라져
- 자녀와 친구된 부모님의 가정은 가화만사성으로 형통

2004년 2월 어느 일요일에 여고생 3명이 왔다. 그들 중 한 학생이 인생 진로에 관해 상담받기를 원하기에 부모님의 성명 함자와 생년월시를 기본으로 참고하면서 학생의 이름과 사주팔자를 풀어보니 병인년, 계사월, 신유일, 계사시였다.

"부모님은 의대나 법대, 외교관, 군경 또는 방송 및 언론계나 교육자가 되길 원하고 있을 거예요."

"어머! 그걸 어떻게?"

3명 모두가 순간적으로 이구동성 하며 토끼 눈이 돼 멍하니 넋을 놓고 이 원장을 쳐다본 후 한동안 말없이 서로들의 눈빛만 순간적으로 오가고 있었다.

"재미없는 공부 적당하게 하고 지방에 있는 대학이나 전문대를 다니면서 야간 업소에서 아르바이트를 해 돈이나 벌어보겠다고 생각하고 있나 봐요?"

"선생님, 취미가 없는 공부를 하는 척하는 것은 정말로 고역이고 시간 낭비예요. 부모님이 대학교에 가는 것을 원하시니까 어느 대학이든 들어가서 친구들과 함께 돈도 벌고 대충 다니면서 즐겁게 살고 싶어요."

"이 세상에는 적당하며 만만하게 쉬운 일이란 그 아무것도 없답니다. 어떤 일이든 목숨을 걸고 혼신을 다 바쳐서 노력하면 목표지점에 도달할 수 있겠지만 잠시 잠깐이라도 방심하게 되면 그 결과가 확실하지가 않게 되요."

이어 이 원장은 봄에 씨를 뿌리고 가꾸지 않으면 가을에 거둬들일 것이 없듯이, 우리의 삶이란 이러한 계절의 이치와 같아서 청소년 시절이란 봄에 해당함으로 좋은 씨인 공부나 기술을 연마하고 열심히 노력하면 틀림없이 가을인 60세부터는 넉넉하고 원만하며 행복하고 존경받는 어르신으로 대우를 받으면서 살아가게 되는 것이 하늘이 정해 놓은 법칙이라고 일러주면서 부모님들께도 인연이 닿는다면 시간이 있으실 때, 진학과 진로에 대해 전반적으로 상의를 하고 싶으니 그 뜻을 전해드리라고 하면서 재미있게 공부하는 방법까지 안내해주었다.

그 뒤 새 학기가 시작되고 3월 2번째 주말에 그 학생의 부모님이 진로 문제를 상담하러 왔을 때 이 원장은 오랫동안 연구 분석한 내용의 차트를 꺼내 함께 보여주면서 자세히 설명해 주었다.

"우리 딸이 와서 하는 말이 선생님의 말씀과 엄마가 희망하는 것이 어쩜 그렇게 똑같은지 무척 놀랐다고 했습니다. 그 애가 과연 그러한 방향으로 갈 수 있을까요?"

"틀림없이 갈 수 있습니다. 단 이 차트를 보시면 느낄 수 있는 것처럼 우리나라에서 따님과 똑같은 사주팔자가 70명이나 있다는 것입니다. 이것을 볍씨에다 대입을 시켜보면 쌀의 씨는 똑같은 것이지만, 기름지고 좋은 환경의 논에다 심으면 최고로 좋은 특종의 쌀인 논벼가 되고, 들에다 심으면 들에서 자란 쌀인 들벼가 될 것이고, 산에다 심으면 산에서 성장하는 산벼인 쌀이 될 것이며, 바위에다 씨를 뿌리면

말라 죽고 말 것입니다.

즉 똑같은 사주팔자가 있다면, 그 근본이 되는 씨는 같습니다. 그러나 수직적인 하늘과 연관된 시간(부계(父系))과 수평적인 땅과 연관된 어떠한 곳인 공간(모계(母系))에 따라서 최상의 진귀한 보석이 되느냐 아니면, 최하의 가치도 없는 쭉정이와 같은 쓰레기가 되어 버려질 것이냐로 결정되어지므로 우리의 선조님들께서는 '사람과 물은 대어주는 환경에 따라 각양각색으로 되어진다.'고 지혜를 주셨습니다."

이어 공부하는 것도 요령이 있는 법인데, 예를 들어 한강도 흐르기 시작하는 근원인 상류가 있듯이 공부도 근원인 초등교 과정으로 거슬러 가서 기초를 튼튼하게 다져나가면서 그 이치만 터득하게 되면 아무리 어려운 문제를 만나도 그 원류를 알기 때문에 쉽게 풀어나가게 되는 것이니 오늘부터라도 따님과 함께 친구처럼 1년간 공부하시면 반드시 소원성취하게 될 것이라고 희망이 용솟음치는 큰 선물을 가슴에 듬뿍 안겨주었다.

19. 재물 운이 있다는 말에
- 사업 했다가 적자운영 폐업위기

　　15년 전 어느 날 중후하고 잘생긴 45세 정도의 남자가 찾아왔다. 그는 저음을 내는 성악가처럼 목소리가 부드러워 듣기가 편안하였다.

　　이 원장의 경험에 의하면, 목소리가 부드럽다는 것은 대체적으로 원만하고 너그러운 성품의 소유자라는 좋은 점을 함유하고 있어서 환경적으로 태평성대를 노래하는 평화로운 시기(時期)거나, 아니면 오늘날의 입장에서의 직업으로는 토속적인 일이나 옛것을 보존하고 계승하는 학문을 연구하는 것이나, 또는 전래되어오는 기예(技藝)와 연관된 일이라면 그 친부 적인 능력을 발휘할 수 있지만, 하루가 100년을 광속으로 날아가는 듯 하는 급변하는 현재의 세태에서는 새로운 것을 개발하고 혁신하려면 창안력이 요구되며, 그것을 추진하려면 짧은 시간 동안에 흑백을 판단하고 결단하여 혼신(塊神)을 다 바쳐 전력투구(全力投球)를 다 해도 성사(成事)가 반드시 100% 이루어진다는 보장이 없는 현시점에서는, 그 남자에게는 순발력을 요하는 일이거나 시급한 상황에서 처결하는 직업은 어울리지 않을 것 같았다.

　　여하튼 직감이 그렇다고는 하나, 이 원장은 공통분모를 내고 연관성을 찾기 위해서 객관적인 차원에서 그의 이름과 사주팔자를 풀어 보았다.

　　그는 기축년, 무진월, 기묘일, 무진시였다. 또한 이름도 풀어보니 상관이라는 별들의 에너지가 강력하게 휘감아 비치고 있었다.

"목에는 염주를 걸고 손에 목탁을 잡고 있으면, 앞으로 세상도 편하고 조상님들도 좋아하며 선생도 편하고 가족들도 모두 잘 살아갈 수 있겠네요."

상담하러 온 사람들의 대부분은 자기 자신만의 눈높이와 입장에서만 모든 사물을 보고 판단하려는 욕심이 있기 때문에 그들이 원하는 상담 내용과 결과가 좀 다르면 오히려 더 답답해지기만 한다고 말들을 한다.

예를 들어 몸의 병이 들어 종합병원에 진찰을 받으러 갔을 때 가만히 있어도 며칠 지나면 저절로 건강이 회복되고 좋아질 것이라는 전문의사의 진단을 받을 수 있는 사람이 얼마나 될까? 생각해 볼 일이다.

"작년에 어느 유명한 역술가에게 사주팔자를 보았었는데 재물 운이 크게 왔다고 했습니다. 그래서 친구 3명이 공동으로 사업에 투자하여 1년이 넘는 오늘까지 하고 있는데 계속 적자를 내고 있는 중입니다. 어떻게 하면 좋을는지요?"

"역학은 우주자연의 이치(理致)입니다. 그러므로 재물 운의 대운이 왔다는 것은 재물(財物) 운(運)이 좋다는 것이 아니라, '재물과 부인을 15년 동안 잘 관리하면 성공하고 행복할 수 있을 때'라는 하늘의 깊은 뜻이 숨겨져 있는 것입니다. 현재는 사업을 빨리 정리하시는 것이 현명한 처사입니다. 선생은 앞에서 예를 들어 말한 것과 연관된 일을 하면서 살아가시면 행복한 인생이 보장될 것입니다."

이 원장은 답답해진 마음을 달래려고 냉장고에서 음료수를 꺼내서 그 남자와 함께 나누어 마신 뒤에 이어서 사람마다 전생에 지은 복만큼 이 세상에 태어날 때 하늘로부터 내려받는 복분(福分)의 대소(大小)

와 소임이 정해지는 것이 '사주팔자'라고 설명해 주었다.

그 남자는 생년. 생월. 생시 모든 기둥에 토성(土星)의 비겁과 비겁의 별들이 비치고 있음으로써 친구에게 이해타산을 논하지 않고 의리의 사나이로서 형제처럼 대하며 시회에서는 모든 사람들을 신의로 대하며 다른 사람들에게는 절대로 손해를 주지 않으려고 행동하기 때문에 어느 곳에 가든지 기분파 인생인데다가 언변, 노래, 춤, 투기성 오락, 즉, 주색잡기에 명수요 타자로, 어쩌다 돈 좀 생겼다하면, 그 즉시 펑펑 물을 써버리듯 하니, 남녀노소를 막론하고 모든 사람들에게 당연히 인기가 좋지만, 결혼을 하게 되면 그러한 습관 때문에 밖에서는 사람들이 100점이라고 칭찬하지만, 가정을 지키는 아내에게는 기초생활비조차도 갖다가 주지도 못하면서 일 년 12달을 동가식서가숙하며 항상 바쁘기는 하나 가정에서 잠을 자는 날이 손으로 꼽을 만큼 되니 가정에서는 0점 남편과 0점 아빠로 대접받게 되는 사주명이었다.

그렇기 때문에 아예 집도 절도 없으며, 돈도 처도, 그 어떠한 것도 남아 있지 못할 사주팔자의 명을 타고났으니, 허송세월하지 말고 차라리 도를 닦는다는 마음으로 옛날부터 전해 내려오는 기술과 예술이 하나로 어우러진 것을 혼신을 다하여 연마하거나, 좀 늦긴 하였지만, 전통불교의 범음 범패를 전문적으로 지도하고 있는 불교대학(佛敎太學)에서 지도 교수님들께 가르침을 받아 불법(佛法)을 신행(信行=자율적인 특성을 갖고 있으며, 신앙(信仰)=타율적인 특성이 있음)하는 생활을 통하여 온몸으로 부처님 진리의 말씀을 전하는 전법사(傳法師)가 된다면 모두가 평안해질 것이라고 상담하여 주었다.

20. 이름, 세 글자로 이뤄진 강력한 주문
- 사주와 조화를 이루면 역사에 남는 사람이 될 수도

　얼마 전에 40대 중반의 부인이 상담하러 왔었다. 그녀는 남편과 딸의 출생년월일시를 메모해주면서 미래에 대한 인생 진로와 직업에 대해 안내해 주기를 원했다.

　남편의 이름 중간자는 'ㅊ'으로 시작되었고 사주는 경자년 계미월 병오일에 태어났으며 출생시간은 모른다고 했다. 딸의 이름도 역시 같은 파장인 'ㅅ'으로 시작되었으며, 사주는 을축년 무인월 신축일 무술시였다.

　"부군(父君)께서는 직장에서 지금 당장이라도 나오려고 마음먹고 있나 봐요?"

　그녀는 순간 전기에 감전된 듯 몸을 떨었다.

　"단돈 1원을 받더라도 56세까지는 직장생활을 해야만 행복할 것이니 유념하시길 바랍니다. 또 남편은 이름자로 보아도 외골수의 운명을 타고났으니 지금 하고 있는 일 외에는 다른 환경에서는 적응할 수가 없을 것입니다. 너무 깨끗하고 순수한 사람입니다."

　그녀는 아예 이 원장의 코앞까지 다가가 앉았다.

　"우리 딸의 인생 진로도 부탁드립니다."

　"아버지의 올해와 내년 운세로 보면 딸이 집을 떠나 독립하는 운(運)이며, 딸의 운세로 보면 문서가 이동하는 운수로서 시험을 보거나 취직을 하면 합격증, 사령장이나 임명장, 표창장을 받는 운입니다만, 아마 딸이 지금 근무하고 있는 곳이 있다면 그곳에서 나오려고 고집을 부리는 터에 아버지는 직장에 나가도 불편하고 집에 들어와도 마음이 편치 않을 터이니 지옥에서 사는 것 같은 입장일 것입니다."

이 원장은 이어서 사주(四柱) 네 기둥 중에 출생한 시(時)가 자손궁(子孫宮)으로 출생한 시가 꼭 필요한 경우에는 이름자에서 파생된 운기(運氣)로 찾아보기도 하는데, 그 남편은 아들을 낳아 양육하기 어렵고 딸만 나타나 있으며 성실근면하고 정직하며 천사처럼 착한 사람이기 때문에 깨끗하지 못한 환경에서는 적응하며 살아가기가 쉽지 않은 성격이니 다른 생각 말고 그 직장에서 '나 죽었다' 하며 참고 있으라고 일러주었다.

또 딸의 진로에 대해서는 특수한 분야에서 문서와 기술을 익혀 성공할 운명으로 분류돼 있지만 20년 이상 쓰고 있는 이름에서 파생되는 재성의 강력한 별이 사주에 있는 학문의 별인 인성을 상극하고 있기 때문에 공부가 짧게 되는 것이 가슴이 아프다고 했다.

통계에 의하면 이름이 인성인 부모님의 별을 상극하고 있기 때문에 따님은 '취미가 없는 공부를 억지로 하면서 세월과 돈을 낭비하는 것보다는 차라리 그 소요되는 학비를 목돈으로 주기만 하면 무엇을 하던지 독립을 해 잘살아 갈 것'이라고 논리정연하게 말하는 터에 전혀 틀린 말은 아니다. 그러나 부모님 입장에서 보면 청개구리와 같기 때문에 정신적으로는 불효하는 것 같지만, 자기의 적성에 맞는 일을 찾아서 집중적으로 노력하면서 돈을 벌게 되면서부터는 틀림없이 물심양면으로 효도를 다 할 것이니 크게 걱정을 하지 않아도 될 것이라고 희망을 듬뿍 안겨주었다.

이어서 딸과 똑같은 생년월일시의 출생자로서 이름과 하모니를 이룬 사람들은 의학계나 법조계 대학을 나와 출세하게 되는 사람도 많으니, 이름이란 평생 동안 늘 부르고 쓰는 세 글자로 이뤄진 가장 강력한 주문(呪文)이기 때문에 사주팔자를 감안해 잘 지어 쓰고 부르면 후손 대대로 역사에 남아 존경받는 큰 인물이 되기도 하는 것이라고 쉽게 설명했다.

그럼에도 불구하고 딸의 사주명은 무인, 무관, 사법계, 의학계, 군인, 경찰 등 총이나 칼(의사가 수술할 때 사용하는 매스)을 사용하는 직업의 소유자로서 정년퇴직할 때까지 근무하게 된다면 가장 보람된 삶이 보장될 것이라고 직업과 진로를 안내해 주었다.

21. 미국 워싱턴에서 출생한 아기 사주팔자와 이름 짓는 법

　재작년 늦가을 60세쯤 돼 보이는 할머니가 미국 워싱턴에서 태어난 손자의 이름을 지어달라고 찾아왔다.

　이 원장은 출생한 아기의 이름을 짓기 위해 아기 아빠와 엄마의 생년월일시와 이름 및 아기가 어디서 언제 태어났는지를 자세히 물어보았다.

　남자 아기는 양력 2006년 10월 18일 오전 10시 39분에 출생했다. 사주팔자를 풀어보았더니 병술년 무술일 경진일 신사시였다.

　또 아기 아빠의 사주팔자는 신해년 경자월 경자일 정해시였고, 이름의 첫 글자 발음소리 음령(音靈)이 'ㅇ'으로 시작했는데 사주팔자와 이름의 운기, 2가지 모두가 2006년에 자손을 얻는 운(運)이었다.

　"가문에 경사가 났군요. 축하드립니다. 아기 아빠의 사주원국에서는 수성(水性 및 水星)이 왕성하니, 아드님의 명국은 마치 시냇물이 망망대해로 흘러가는 형상이며 외국을 이웃집 드나들 듯 하는 명으로 두 나라 이상을 자기 집처럼 자주 왕래하게 되는 命입니다. 또 태어난 아기의 사주는 토성(土星)이 왕성한데. 이 토성은 아빠의 사주에는 없어서는 안 될, 꼭 필요한 오행(五行)이기 때문에 효성스런 아들로 태어났으니 이보다 더한 경사가 어디에 있겠습니까?"

　이 원장은 그 할머니의 면모와 사주명국을 다시 한 번 더 자세히 보면서 말을 이었다.

"더군다나 아기의 타고난 생월의 천간과 지지가 학문과 기예(技藝)로 특수하게 성공할 수 있는 별이 강력하게 비치고 있는데, 이 별의 특성은 부모에게 효성이 지극해 조금도 속 태우지 않고 착하게 효도하면서 성장하게 돼 있으며 글공부 또는 그림과 예술 및 기술 등에 소질이 뛰어나며 문장력이 뛰어나고 머리가 좋아 장학생, 우등생이며 성인이 돼 교육계나 공무원 또는 종교지도자, 작가 및 신문 언론 출판 방송계로 진출하면 그 능력을 인정받아 크게 성공할 수 있는 사주팔자를 타고났습니다."

또 생년의 천간과 지지는 생사(生死)를 여탈(與奪)하는 별들로서 학문 및 기술을 익히면 전 세계에 이름이 알려지는, 명진(名振) 사해(四海)하는 별이 강하게 조명(照明)하고 있는데 이 별들의 특성은 조상님과 부모님 덕이 있어서 가정교육을 최상(最上)으로 받아 종교가나 국가 공무원으로 출세하는 운명으로 타고났으며, 또 년월일시 사주 네 기둥 모든 곳에도 사람의 생명을 좌지우지하는 강력한 별들이 모두 비치고 있으니 더욱더 정성을 다해 잘 양육하면 가문의 영광이 있을 것이라고 진로(進路)에 대해 자세히 말해주었다.

"너무너무 듣기가 좋네요. 정말 선생님 말씀대로 된다면 감사하겠습니다만."

이 원장은 정색을 하면서 일목요연하게 볼 수 있도록 분석해놓은 자료를 꺼내어 놓고 자세히 살펴보시라고 보여주었더니 그 내용을 꼼꼼히 읽고 나서는 자리에서 벌떡 일어나서 큰절을 하려고 하는 것을 만류하면서 미처 다 표현하지 못한 답답한 가슴이 시원해지도록 설명했다.

"이 아기와 같은 연월일시에 출생한 사람들의 체질을 한의학계의 고명(高名)하신 의사 선생님들 중에는 간혹 특수한 비법으로 고대 동양천문학을 기본으로 한 동양의학적으로 관찰해보는 체질 분석을 하는 운기(運氣)학이 있는데 이것을 입태(入胎) 사주(四柱)인 오운(五運) 육기(六氣)학이라고 합니다. 이 방법으로 세분(細分)해서 풀어보면 이날에 태어난 사람들의 생리현상과 체질은 모두 똑같기 때문에 그 기본적인 처방법도 모두 같다고 합니다."

이 원장은 말을 이어서 그러나 한의학적인 체질분석론이 아닌 운명론적으로 분석해보면 '사람과 물은 티어 주는데 따라 달라지는 법이다'라는 옛말이 실감이 나듯, 사람과 물은 환경에 따라 그 모양과 그 결과가 천차만별로 되어질 소인이 있기 때문에 '맹자 어머니가 아들의 교육환경을 위해 3번을 이사했다'는 교훈은 당연한 것이며, 이와 함께 이름 또한 잘 지어서 부르고 쓰면 훌륭한 사람으로서 후손 대대로 그 이름이 역사에 남는 사람이 될 수 있는 것이라고 자세히 설명했다.

태어난 남자 아기는 미국 워싱턴에서 출생해 얼마간은 그곳에서 양육되겠지만 가끔 두 나라를 왕래하게 되면 항상 대한민국을 먼저 생각하고 사랑을 느끼게 하는 이름을 3일 동안 곰곰이 연구하고 지어서 미국으로 전송해 주었다.

22. 사주팔자에 희미한 화성(火星)이
이름에서라도 밝게 빛나고 있었다면

지난해 11월, 25년 동안 수시로 자문을 해주고 있는 단골 고객이 외가댁의 조카뻘 되는 여자라고 하면서 인생 진로를 상담해 달라고 찾아왔다.

그는 수첩을 꺼내놓고 그 여자와 남편 그리고 아이들의 이름과 생년월일시를 메모해 건넸다.

두 사람의 사주 명운과 이름을 풀어보니 이름의 첫 글자 발음이 두 사람 모두 'ㅇ'이었으며, 그녀의 사주팔자는 을묘년 을유월 을해일 신사시였다. 또 그와 함께 살고 있다는 남자의 명은 임자년 기유월 갑인일로 출생한 시간을 모른다고 했다. 여자 생년의 천간과 지지는 모두 같은 오행인 목성(木性)으로 돼 있었으며 생월의 기둥에는 천간은 한 남편을 놓고 서로 여자들끼리 아귀다툼으로 투쟁하는 목성이 표면으로 나타나 있었고, 지지에는 남편을 뜻하는 금성(金星)이 깊이 숨어 있었다. 또 배우자궁인 태어난 날과 자손궁인 시의 천간과 지지가 서로 강력하게 충돌해 깨져 있으면서 남편을 상징하는 별은 공망살을 받아 하자(瑕疵)가 있는 남편을 만나게 되는 팔자로 구성돼 있었다.

더 나아가서 명(命)을 운반해 나아가는 대운(大運)이나 항상 부르고 쓰는 이름에서라도 병정(丙丁) 사오(巳午)인 화성(火星)이 밝게 비춰주고 있었다면 자녀를 어렵게라도 길러내어 중년 이후라도 행복이 보장될 터인데 그 불빛이 커져 있어 그 흔적만 희미할 뿐이었다.

이 원장은 음료수를 꺼내 그 손님과 함께 마시면서 한동안 가슴을 쓸어내리고 있었다.

"두 남녀가 은연중에 서로 뜻이 맞는 동일한 목성(木性)의 요소가 태어난 날에 음양(陰陽)으로 돼 있으니 연애를 해서 살면서 두 남매를 낳아 기르고 있나 봐요? 그러나 가까운 시일 내에 서서히 숨겨둔 다른 여자가 나타남으로써 생사이별하게 되는 일이 있게 되는데, 이 모든 일들이 발생하게 되는 원인은 두 남녀 모두에게 있는 법이지요. 특히 이 여성과 유사한 사주팔자들은 반드시 부모님이 권하는 남성과 사귀고 결혼을 해야만 행복할 수 있지만, 부모님의 말씀을 무시하고 자기 마음대로 행동을 하다 보면 야수와 같은 남성들의 감언이설과 온갖 유혹에 쉽게 빠져버릴 수 있는 특성이 강하기 때문에 항상 몸가짐을 단단히 해야 됩니다."

이 원장은 이어 3~4일 뒤부터는 지난 5년간 숨겨 놓은 그 남자를 놓고 여러 여자가 애정 문제로 싸우는 일이 표면으로 나타나 소송문제가 복잡할 것 같으며 그동안 낳아 길러온 5살과 3살짜리 남매를 장차 어떻게 잘 양육할 것인가에 대해서는 일가친척의 모든 어른들이 지혜를 모아야 될 것이라고 말해주었다.

"선생님이 예견하시고 걱정하신 것처럼 지금 그런 형태로 흘러가고 있습니다. 제가 들은 소문에 의하면 그 남자에게는 이미 오래전에 결혼한 아내와 자녀가 있다는 것입니다. 이러한 내용을 그동안을 숨겨왔다는 것입니다. 이러한 일이 오늘날에도 있을 수 있다는 것이 믿어지지지 않습니다."

"대상자에 따라서 항상 있을 수 있습니다. 이러한 사주를 타고난 남자는 대부분 근본은 어질고 착합니다. 양보와 이해심과 아는 것이 많고 말을 하면 종교가처럼 감화력이 있습니다만, 이러한 장점이 사주필자 원국의 운명을 이끌어 가는 과정에서 대운이 불길한 쪽으로 흘러가게 되면 재물과 명예와 여성에 대해 지나친 욕심을 갖게 되는 야수(野獸) 같은 사람으로 돌변해 자기도 어쩔 수 없이 매사 천연덕스런 거짓말과 거짓 행동으로 처신함으로서 스스로가 파멸(破滅)의 길로 가고야 마는 것이 제일 큰 문제랍니다."

이 원장은 그녀가 지금까지 살아오는 동안에 알게 모르게 지은 모든 잘못과 죄를 온 우주만물과 본인과 연관된 모든 사람들에게 용서를 빌 것이며 특히 그동안 그늘진 환경에서 길러 온 두 남매를 향해 속죄하는 마음을 하느님이나 불보살님께 진정으로 참회하고 용서를 빌 듯 매일 몸을 납작 엎드려 108배를 하면서 참회의 기도를 드리라고 일러주었다.

23. 이름은 본래 좋고 나쁜 것이 없다.
다만 사주와 관계가 길·흉으로 결정될 뿐

지난해 5월쯤 지인의 소개를 받고 중년의 남자가 찾아왔다.

그는 자신과 아들의 인생 진로에 관해 상담받기를 원했다.

그분의 이름 첫 글자는 'ㅈ'으로 시작되고 사주팔자 명운은 임진년 을사월 병인일 무자시였으며 56세인 그 해에는 인생 궤도를 수정하는 신해(辛亥) 대운(大運)으로 10년간 돌입하기 시작했다. 또 아들은 정묘년 경술월 무오일 무오시였으며 이름의 첫 글자는 'ㄱ'으로 돼 있었다.

생년의 천간과 지지는 관살과 식상의 별로 구성돼 있어 윗사람을 잘 받들어 모심으로 총애를 받아 승승장구하는 운명이지만 오래가지 못하는 단점이 있으며 자손이 성인이 되기 시작하는 시점부터는 비견 겁재가 드는 대운이나 년운, 또는 며느리를 만나게 될 때부터 아들의 불행을 맛보게 되는 경우가 많다.

또 생월의 천간과 지지는 인성과 비겁으로 짜여 있어 '서화(書畵)와 문장력이 뛰어나 작가 및 신문 방송 종교 교육 언론계로 진출하면 성공할 수 있다.

여기에 수평적인 차원에서 분석한 생월 천간과 생년 천간을 비교해 보면 관살과 인성으로 돼 있으니 점잖고 입이 무거우나 말을 하면 감화시키는 능력과 조리 정연한 언어를 구사하며 조직력이 뛰어나 종교가로 나가면 크게 성공할 수 있다.

이름자에서 보는 운명은 식상의 별과 인성의 별이 모두 너무 강력하게 상충하고 있어서 자손을 잃게 되거나 자녀의 불행을 암시하고 있었다. 그런가 하면 아들의 사주명운과 이름에서도 비겁과 식상의 별이 너무나도 편고(偏枯)돼 있었다.

"올해와 내년에는 계속해오고 있는 전문적인 일은 명예와 인기가 상승하고 더 많은 일로 동분서주하면서 바쁘시겠지만 '호사다마'라는 말처럼 그런 와중에서 교통사고가 발생할 수도 있으며, 가족과 생사를 가름할 만큼의 돌변적인 흉한 사고와 사건이 발생할 수 있으니 우선 빠른 시일 내에 아들과 함께 종합병원에 가서 종합적인 검진을 예방 차원에서 받아보시고 두 번째로는 선생과 아들의 이름자를 사주의 명운과 조화를 이루도록 개명을 하거나 아호를 지어서 많이 사용하시게 되면 행복한 삶이 보장될 것 같습니다."

"저와 아들의 이름이 그렇게 나쁘게 지어져 있었다는 말씀입니까?"

"그러한 질문을 하시는 걸 보면 보편적으로 한자로 지은 이름 획수(劃數)의 길흉(吉凶)을 위주로 하는 우리나라나 중국, 일본 등의 이름을 짓는 방법의 내용이 은연중에 내포돼 있는데 제 경험에 의하면 어떠한 이름이든지 원래 나쁘고 좋은 것이 없다는 것입니다."

"그렇다면 이름이 어떻다고 하시는 말씀인지…"

"이름은 우리나라 사람들에게만 있는 것이 아니며, 전 세계 모든 사람들이 모두 저마다 이름을 갖고 있습니다. 이 세상 모든 사람들의 다양한 민족문화와 언어에 의해서 짓는 이름들을 한문(漢文)식 획수(劃數)를 따지는 작명법으로 이름을 짓거나, 한자(漢字) 획수로 분석해 길흉(吉凶)을 판단할 수가 없다는 것입니다. 고로 이름을 짓거나, 길흉을 가려내는 방법은 전 세계 모든 사람들의 어떠한 이름이든지 그 사람의 생년 월 일 시와 조화를 이루도록 지어진 이름이면 저는 가장 잘 지어진 이름이라고 하는 것입니다."

그는 고개를 끄떡이며 일주일 뒤에 이름을 지으러 오겠다고 하더니 어찌 된 일인지 일 년 동안 발길을 끊고 있다가 2008년 초에 불행한 소식을 인편으로 전해왔는데 아들이 하늘나라로 떠났다는 것이었다.

이 원장이 이름을 지어서 사용하라고 권하는 사람들 중에는 이름의 특성 때문에 일생 동안 갈팡질팡 방황하는 미아(迷兒)적인 소인(素囚)이 있는 사람, 완벽주의자, 권위주의자, 매사 의심이 많고 모든 것들을 부정적으로 보고 판단하는 외골수의 고집불통, 폐쇄적 성품으로 항상 불만 불평이 많으며, 알코올, 마약 중독자가 되어가며, 우울증 및 정신질환자, 피치 못할 환경 때문에 세상과 격리되어 살거나, 비밀을 간직하고 고독한 생활을 즐기는 사람으로서 자살할 가능성이 높거나 불행한 길로 인도되어 갈 수도 있는 사람들이 많이 있기 때문이다.

24. 직업·진로문제 신중히 살펴야
- 아들은 항공계로 진출하면 CEO

2003년 한 스포츠신문에 '아니 세상에 이럴 수가?'라는 제목으로 상담사례를 연재할 때였다. 멀리서 중년 부인이 아들과 함께 찾아와 인생 진로와 직업에 대한 상담받기를 원했다.

그 청년은 1980년 양력 2월 28일 오전 10시에 출생했는데 사주팔자를 풀어보니 경신년 무인월 신미일 계사시이었으며 대운은 2운으로 동남방으로 흘러가고 있었다.

"해외 출입을 나의 집 드나들듯 하는 일로 의사처럼 많은 사람들의 생명을 편안하고 온전하게 보살피는 직업을 선택하면 출세하고 성공하며 행복하게 살아갈 수 있겠습니다."

그들은 한동안 서로 눈빛을 주고받으면서 머리를 갸우뚱거리며 이리저리 여러 가지 직업들을 연상하면서 상상해 보는 듯했다.

"그것이 어떤 일인지 구체적으로 말씀을 해주시면 안 될까요?"

"글쎄요, 현재도 대부분의 역술가들은 '오행(五行) 중에 木과 火가 많고 金水가 부족하니 물과 연관된 일을 하라.'든지 '금수가 많고 木이나 火가 적으니 나무나 불과 연관된 직업을 가지면 좋다.'라는 등으로 표현하고 있는데, 잘 맞는 편입니다. 진리란 근본이며 단순하기 때문에 결코 변함이 없지요. 알고 계시는 것처럼 그 옛날에는 단순사회였고 직업도 5종류 정도가 있었죠. 제가 말씀을 드린 내용은 과거 100년의 세월이 오늘날 단 하루 동안에 초고속 내지 광속으로 변화하고 있는 시점에다 맞추려는 큰 뜻이 담겨져 있습니다. 여하튼 저는 사주팔자와 명운이 흘러가는 궤도를 보고, 그것을 자연현상에다 대입해서 말씀드린 것입니다. 만약 제가 '꼭! 어떤 직업이다.'라고 말씀드리면 대부분의 사람들은 저의 말에 따르려는 속성이 있기 때문에 이렇게 표현할 수밖에 없답니다."

이 원장은 잠시 동안 따뜻한 마음으로 그 부인과 아들의 모든 면모에서 은은하게 풍겨오는 오향(五香)을 음미하면서 공통분모를 찾아내려고 노력했다.

청년의 생년월일시 네 기둥 중에서 태어난 날만 빼고는 모두 화성(火星)의 역마살과 그와 유사한 지살(地殺)이 75%나 차지하고 있었고 생년 천간과 지지, 그리고 태어난 날이 생년의 오행과 같은 금성(金星)끼리 겁재의 별들이 서로 강력하게 받아쳐 전광석화(電光石火)로 순식간에 하늘을 날아다니는 특성이 있는데다 두 필의 천마(天馬)가 플러스알파로 합세해 쌍(雙)날개를 펼치고 하늘을 번개처럼 날아다니는 것을 눈앞에서 선명하게 보는듯했다.

또 사주팔자와 대운 전체에서의 이미지가 너무나 사막처럼 건조해 불이 붙기 바로 직전 같은 자연현상이 연상됐다. 불이란 급하고 상공(上空)으로 올라가는 고유의 특성을 갖고 있음으로 생존하려면 지구와 우주 끝까지라도 수기(水氣)인 물, 즉 생명수를 찾아서 목숨을 걸고 초고속으로 하늘을 날아다니며 자신을 포함해 모든 사람들의 생명을 항상 안전하게 지켜주라는 소명을 하늘로부터 받고 태어난 사람이라고 판단됐다.

이 세상에는 청년과 유사하게 구성된 사주팔자의 명(命)들이 많이 있다. 그러나 운명을 이끌고 가는 대운이 어느 궤도로 흘러가느냐와 부모, 환경, 유전인자, 그리고 각자의 이름자에 따라 직업과 인생 진로의 향방이 전혀 달라질 수도 있기 때문에 쉽게 판단할 일이 아니므로 이 원장은 이처럼 중대한 각종의 상담과 이름 짓기, 그리고 궁합과 각종 택일을 함에 있어서는 하늘에 정성을 올리듯 신중한 자세로 최선의 노력을 다해 3일 정도의 시간이 소요되는 경우가 간간이 있는 편이다.

"이 진로문제는 우리 함께 2~3일 정도 깊이 생각하고 연구한 다음 결론이 나면 그때 다시 만나 의논하는 것이 좋겠습니다. 저는 잠시 쉬었다가 아드님의 사주팔자와 유사한 자료들을 발췌해 명쾌한 해결책을 모색해 보겠습니다. 옛날 현사(賢師)들께서는 상담을 받으러 온 사람과 7일 밤낮을 함께 숙식을 한 뒤에 그가 평생 동안 꼭 지켜야 할 것을 단 한마디로 말해주거나 짧게 글로 적어주었다고 합니다. 인생의 진로 문제는 그때나 지금이나 행복과 불행을 좌우하기 때문이지요."

3일 후 그 부인과 아들이 다시 찾아왔을 때 이 원장은 그들을 반갑게 맞이하고 그동안 분석해놓은 자료들을 보여 주면서 그들의 손안에다 간단명료한 답을 꼭 쥐어주었다.

"항공(航空)계로 진출하면 CEO로 대성하게 될 수 있을 것입니다."

25. 사주에 흉살 타고 낳으면, 그 흉살을 밝게 관리하는 직업으로 생활하면 행복해져

4~5년 전에 먼 곳에서 귀품이 은은하게 풍기는 중년 부인이 아들의 진로문제를 상담하러 왔다. 그 아들은 1986년 7월 24일 오후 4시 20분 출생. 1986년도 달력을 펴고 사주팔자를 풀어보니 병인년 을미월 기사일 임신시이었고 자전궤도인 대운은 5운으로 서북방향으로 흐르고 있었다.

생년의 천간(天干)에는 정인, 지지(地支)에는 정관의 별이 비치고 있으니 조상대대로 혈통이 좋은 정통가문의 후손임을 알 수 있었고 또 부모님을 나타내는 인성의 별이 밝게 빛나고 있으니, 요즈음 세상에서는 가뭄에 비 만나듯 흔하지 않은 참신한 종교가처럼 정직하고 근면성실해 많은 사람들에게 존경받고 있는 분들로서 가정에서 자녀들을 양육하고 지도함이 엄하고 품격이 높은 왕실 교육과 같다고 나타나 있었다.

또 생월의 천간에는 관성, 지지에는 비견의 별이 비치고 있으니 할아버님은 출세 성공하시어 행복하셨고, 돌아가신 뒤에도 가문의 명예를 위해 지금도 손자를 항상 돌보아 주시고 있는 것으로 나타나 있었다.

또 수평적인 판단법에 의하면 생월천간은 관성의 별이, 생년천간은 인성의 별로 형성돼 있으니 역시 훌륭하신 부모님 슬하에서 사랑과 신뢰를 받고 성장하면서 공부 잘하고 부모덕이 많이 외국 유학도 하게 되며 세상에 이름이 크게 알려지는 사주팔자 명으로 부모님이 살아 계실 때가 최고의 전성기이니 더욱더 효도해 최대한 장수하시도록 노력하면 부모님께 물려받을 것이 많을 것이며 법조계나 교육계, 또는 종교계 등이 가장 좋을 것이라고 돼 있었다. 수평적인 판단법인 생년일시의 지지(地支)에는 75% 삼형살이 모두 있으니 관직이나 사람의 생명을 다루는 특수한 직책을 부여받고 생활하는 사람이며 살(煞)이 필요할 때는 그 살을 수족처럼 부릴 수 있어서 대길(大吉)하다고 돼 있다. 그러나 이런 사주의 주인공이 이름이나 환경이 좋지 못해 일반적인 일을 하게 되는 사람은 평생 동안 감옥을 왕래하면서 살게 돼 반대로 대흉하다고 돼 있다.

이 원장이 전체적으로 살펴본 바에 의하면 사주팔자의 모든 천간에 인성, 관성, 재성이 모두 지지에 뿌리를 깊이 내려 박아 통근하고 있었고 자전궤도인 대운이 사주에서 부족한 에너지를 보완하면서 흘러가고 있었으며 이름과도 적절하게 조화를 이루고 있어 최상의 격국으로 구성된 사주명이었다.

"사람의 생명을 다루는 일을 하는 사주팔자입니다."

그 부인은 한동안 이 원장의 얼굴을 올려다보면서 '사람의 생명을 다루는 일'이라고 자기 스스로가 몇 번이고 되뇌어 보았다.

"그렇다면 의사…?"

이 원장은 그러하기도 하다는 듯 긍정하면서 따뜻한 눈길로 더 많은 것들이 있다는 하늘의 메시지를 전했다.

"법을 집행하는 일도 있을 것이며, 그 외에도 그와 유사하면서도 특수한 직책이나 직업들이 다양하게 많겠지요."

"아! 정말… 그렇군요."

"조상 대대로 전생에 복을 지어 놓은 것이 많았던 모양입니다. 어느 곳에 가서 있든지 승승장구하며 우두머리가 될 것입니다."

"그렇다면 잘 타고 난 사주팔자인가요?"

"그렇습니다. 제가 보는 관점으로는 그릇이 큰 인물로 판단됩니다."

부인은 한동안 이 원장을 물끄러미 올려다보고 있다가 무엇인가 생각이 난 듯 자세를 고쳐 앉았다.

"나쁜 것이나 조심할 일이 있으면 그것도 말씀을 해주시면 감사하겠습니다만…"

"장점이 곧 단점이지요. 예를 들자면, 손과 같지요. 손은 손인데, 손등이 위로 있을 때는 손바닥은 아래에 있고 손바닥이 위로 있을 때는 손등은 아래에 있지만, 항상 손과 함께 있는 것과 같은 이치이지요. 장점을 더욱 더 개발하는 것이 단점을 줄이는 지름길이니 크게 걱정하지 않아도 될 것 같네요."

상담실을 나갈 때 그 부인은 온 세상에서 가장 행복한 사람이 된 듯 발걸음을 하면서 몇 번이고 인사를 하고 또 되돌아서 인사를 하면서 되돌아갔다.

26. 생명과 연관된 별들이 역마살과 함께 밝게 빛나니, 의학 공부하러 외국 유학 가겠네

7년 전 지인의 소개로 중년 부인이 자녀의 진로문제를 놓고 상담하러 왔다.

그분의 아들은 1984년 2월 19일 오후 10시에 출생했으며 사주를 풀어보니 갑자년 정묘월 갑인일 을해시였고 대운은 5운이었다.

수직적으로 보면 생년의 천간과 지지에 비겁과 인성의 별이 있으니 말과 글로 표현하는 일 방면에는 재간이 특수하게 뛰어났으며 생월의 천간과 지지는 식상과 비겁의 별이 있으니 위험성 높은 특수한 기술로 어린이 및 아랫사람, 또는 몸이 불편한 사람들을 대상으로 하는 의학계나 교육계로 나아가면 행복한 삶을 살 수 있다.

수평적으로는 생년 천간과 생월 천간을 보면 식상과 비겁의 별이 비치고 있으니 위험성 높은 특수한 기술직인 의약, 침, 군인, 운동가, 항공사, 마도로스, 재야정치인 등으로 진출하는 사람들이 많이 있는 편이며 년 월 일 시의 모든 지지에 인성과 비겁의 별들이 역마살과 지살을 올라타면서 천문성이 함께 조명하니 의학도로서 해외유학을 하게 된다. 전체적으로 보면 사주팔자가 특이하게 수생목(水生木), 목생화(木生火), 화생토(火生土)로 삼성(三性)의 별만으로 구성되면서 상생해 유통되고 있어 박사 교수로서 가문을 빛낼 수 있게 된다.

"아드님은 주관이 뚜렷하고 흑과 백이 분명하네요"

사주팔자를 풀고 있는 동안 긴장하면서 기다리고 있던 부인을 향해 아들에 대한 메시지 1호를 전하자 부인이 정색을 하면서 가까이 다가 앉았다.

"공부와 연관된 일은 자기가 알아서 할 테니 절대로 참견하지 말래요. 이렇게 시건방진 녀석을 어떻게 해야 좋을는지요?"

"그 말을 자세히 분석해 보면 공부는 부모님이 도와주시지 않아도 잘 되어서 자신만만 하지만 그 외에 모든 것들은 부모님의 절대적인 사랑과 보호가 반드시 필요하다는 어리광부리는 말처럼 느껴지는 것 같네요"

"어…머나! 그렇게 말씀하시니까, 정말 그렇기도 하네요?"

이 원장은 부인에게 잠시 과거로 되돌아가서 그 당시 10대 때에 아이들의 사고방식과 어법 및 행동에 대해 함께 생각해 보자고 했다.

이 세상 모든 부모님들은 자식을 잘 기르고 싶다는 열망은 모두 똑같다. 다만 각 가문마다 전래돼 오는 그 가풍에 따라서 훈육하는 방법이 다를 뿐, 그 목적하는 바는 동서고금을 통해서 보더라도 모두 동일한 법이다.

더군다나 10대 후반 때에는 모든 일에 대해 무조건적으로 어른들인 기성세대에게 반항적이고 개혁적인 생각의 잣대로 판단하고 행동하는 시기이기 때문에 효순한 아이들까지도 가끔 엉뚱하게 청개구리처럼 행동, 부모님들을 어리둥절하게 하거나 실망시킬 때가 간간이 있었던 것도 성인으로 성장해 나아가는데 하나의 과정이라고 생각해 보았다.

"아드님은 자긍심이 높기 때문에 꼭 해야 할 일이면 누가 시키지 않아도 밤을 새워서라도 반드시 해놓고 나서 그 다음 할 일을 하는 성품입니다. 더욱이 모험심과 탐구심이 많아 어렵고 위험하니 하지 말라고 말리는 것은 반드시 해내고 밝혀내고야 말며, 의롭지 못함이나 불편함을 보면 반듯하게 세워 놓는 그 점이 장점이므로 일본 통치하에서는 항일 투사, 군사독재 때는 민주투사요, 평화 시절에는 의학계로 진출해 의학도 중에서 큰 별이 될 수 있는 특징을 갖고 있답니다."

이어서 사주명에서 부족한 에너지와 흉하게 작용할 흉살들을 완화시키고 풀어 버리는 생활용신법을 본인 스스로가 일상적인 생활을 하면서 쉽게 할 수 있도록 안내해주었다.

27. 칠전팔기 끝에 획득한 명예와 직분. 퇴직 후에는 전원생활?

지난 1988년 중후하게 생긴 중년 신사가 상담실에 찾아와서 노후 문제로 상담받기를 원했다. 그는 1938년 9월9일 오후 늦게 태어난 것으로 어른들께 들었다고 했다.

사주팔자를 풀어보니 무인년 임술월 병신일 무술시로 대운은 10년 단위로 3살 때마다 바뀌면서 북에서 동, 남방으로 흐르고 있었다.

수직적으로 보면, 생년의 간지(干支)에 식상과 인성의 별이 있으니 천재적인 두뇌 소유자로 만난(萬難)을 극복하면서 공부를 하여 성공하며 후손들이 고생하지 않도록 훌륭하게 길러 출세시키려는 집념이 강한 명이며, 생월의 간지에는 관성과 식상의 별이 비치니 상관(上官)의 총애로 남보다 출세가 빠른 명이다.

수평적으로 보면 생월 천간(天干)인 관성+생년 천간 식상의 별이 조명하니 칠전팔기(七顚八起) 끝에 성공하고 명예를 얻는 명이며, 수평적으로 생년 월 일 시의 지지(地支)로만 보면 재성(財星)+관성(官星)+인성(印星)의 별들이 태어난 날로 합하여 들어오니, 금융계나 재정(財政)을 다루는 공직이나 직장에서 결재도장을 찍는 위치에 있는 사람의 명이다.

33세 대운에서부터는 20년간 대 역마살인 천리마(千里馬)가 천마(天馬)로 변하여 해외(海外)로 나가 그 말에다 여러 나라의 재물과 외화(外貨)를 번개 불처럼 실어 나르는 사주팔자 명(命)이다.

"직장을 그만두고 나오실 생각입니까?"

그는 순간 전기에 감전된 듯 몸을 약간 떨면서 한동안 토끼의 눈을 하고 멍하니 이 원장을 쳐다보다가 이 원장이 함께 마실 음료수를 권하자 그때서야 정신이 드는 듯 가까이 다가앉으면서 천천히 입을 열었다.

"앞으로 어떻게 살아가야 좋을까요?"

"대운과 년운 모두 직장에서 옷을 벗는 운입니다. 대부분 퇴직하게 되거나, 정년이 되면 이런 운에 놓이게 되지요."

이 원장은 말을 이어 태어나서 32세까지를 제외하고는 지금까지 살아온 것들을 돌이켜 보면 엄처인 부인과의 갈등 및 수술 교통사고 등 우여곡절은 있었으나, 대체적으로 화려하고 행복한 삶을 살아오면서 좋은 로맨스의 추억도 남달리 많았겠지만, 그 모든 것들은 이미 지나간 과거의 일이요, 지금은 눈앞에 있는 현실을 그대로 받아들이고 인정하면서 모든 일들을 즐거운 마음으로 그 환경에 즉시 적응하려고 최대한 노력하는 것만이 92세까지 만수무강할 수 있는 비결이라고 큰 꿈을 안겨주었다.

"아마 자녀들을 모두 짝지어 독립시키고 선생님께서는 전원주택에서 독자적으로 자유롭게 살아가실 생각입니까?"

"그럴 생각입니다. 그런데 그렇게 마음을 먹고 있는 것도 글로 푸는 데 나옵니까?"

"사주 명리학은 천문학입니다. 사람이 입태하고 출생할 때에 하늘의 별의 에너지를 받고 태어나니까요. 그래서 그 별이 진행하는 궤도를 알면 그 사람에 대한 모든 것들을 미리 예측할 수 있답니다. 여하튼 건강하신 몸으로 노년을 보내시겠다고 마음을 먹고 있다면 최대한 겸손한 자세로 하찮은 일이라도 쉬지 말고 꾸준하게 하셔야만 미래가 보장될 것입니다."

그 중년 신사는 왔을 때와는 달리 평안하고 겸허한 자세로 되돌아갔다.

28. 사범님은 공공기관에서 지도강사로 활약하면 성공. 자영업은 100번 실패

    새벽 안개비가 내리던 어느 날 청량산을 찾았다. 송도 유원지 정문 쪽 전쟁기념관에서 가파른 등산로를 통해 올라오고 있는 일행들을 보고 있던 이 원장은 그 중 한사람에게 초점을 고정시켰다.

    "그동안도 잘 지내고 계시지요?"

    "선생님, 그간 안녕하셨어요. 오랜만입니다. 일러 주신대로 틈만 있으면 어느 산이던지 올라가는 것이 이제는 생활이 되었답니다."

    "감사할 일입니다. 산은 우리들 마음속에 함께 살아 계시는 엄하면서도 자애로운 아버지로 표현할 수도 있지요. 동행인들과 함께 왔으니 자세한 이야기는 뒷날 하기로 하고 즐거운 시간 되세요."

    그들과 손 인사를 나누고 산을 내려와 아침 식사를 하고 상담실에 도착했더니, 산에서 만났던 그 사람이 기다리고 있었다.

    "아까 선생님과 헤어짐이 너무 아쉬워서 그 친구들에게 양해를 구하고 저는 먼저 자리에서 일어나 바삐 선생님께 왔습니다."

    "친한 친구나 동료들 같아 보였는데…"

    "일요일마다 그 친구들과 만나서 가까운 산에 오른 뒤 곡차 한 잔씩 하곤 합니다."

    "얼굴이 좋아 보이는 것으로 보면 그동안 마음이 많이 편해지신 모양이구만…"

"일러주신 대로 생활을 하니까 마음이 편안해졌습니다."

지난날 상담 당시 헬스클럽을 운영하는 그에게 전문적인 지식과 경험도 없는데 조건이 좋다고 방만하게 경영하다보니 적자를 면하기 어렵다고 말해주면서 지금도 늦지 않았으니 그동안에 적자를 만회해 보려고 투자했던 일에 미련두지 말고 정리하라고 일러주었다. 그리고 얼마 뒤에 그 문제가 잘 정리돼 고맙다는 인사를 전해왔다.

또 최근엔 생활하기에는 충분하지는 않지만 동료가 운영하는 도장에서 운동을 가르치면서 살아가고 있다는 소식을 들었다.

이 원장도 헬스클럽을 운영하던 그 사람과 상담하기 전까지는 그가 하는 사업이 얼마나 힘든 지를 전혀 몰랐다. 그러나 어느 사업이던지 운영하는 방법에 열쇠가 있는 것이지만, 그의 타고난 팔자의 명(命)을 보면 자영하는 사업은 앞에서는 남을 것 같은데 뒤로 손해 보는 특성을 가지고 있었던 것이었다.

그 당시에 김 사범의 말에 의하면 어느 날 가깝게 지내는 친구의 권유로 무자본으로 쉽게 운영할 수 있는 기회가 있어서 깊이 생각해볼 필요도 없이 빈손으로 헬스클럽을 인수해 운영하기 시작했다. 회원을 증원하기 위해서는 항상 좋은 운동기구를 구입해야만 하는데 설치할 때는 회원이 반짝 늘지만 다른 클럽에 더 좋은 기구가 들어왔다는 입소문이 돌기 시작하면 회원의 50% 정도가 빠져나가 버리니, 그럴 때마다 어쩔 수 없이 비싼 이자를 얻어 반복 투자로 운영해왔다.

이러다 보니 차츰 월세가 밀리기 시작하면서 빌린 원금과 함께 비싼 이자금액이 눈덩이처럼 커져 모든 것을 감당하기 어려워 지인의 소개로 이 원장을 찾았었다.

"다시 또 일러주거니와 김 사범님은 국가기관이나 단체, 특히 학교 등을 상대로 운동을 가르치거나 윗사람이 운영하는 도장에서 신명나게 일하면 능력을 최대한 발휘해 명예를 얻으며 보람된 삶을 살아가게 될 것입니다."

그의 사주팔자를 살펴보면 생년간지의 별은 관성+비겁의 별이 있고 생월의 간지에는 비겁＋관성의 별들이 조명하고 있으므로 국가기관 및 작장에서는 인기가 높으나 독립하여 백 번 자영하면 백 번 실패하게 된다는 명(命)을 하늘로부터 받고 이 세상에 나왔으니 특수한 기능으로 윗사람이나 국가기관 및 단체에서 일하면 출세 성공할 수 있지만 독단으로 운영하면 실패하고 불행이 연속되는 사주팔자 명운으로 분류돼 있었기 때문이다.

29. 운명을 결정짓는 습관
- 검정색 옷을 자주 입어서 배우자 복이 없었나요?

어느 날 오행(五行)으로 금성이 왕성한 날 오후 역시 금(金)과 수(水) 성이 강왕한 시각에 검은색의 의복을 세련되게 입은 예쁜 처녀가 상담실을 방문했다. 그녀는 궁합을 보고 싶다고 했다.

그녀의 사주팔자는 1982년인 임술년 경술월 경인일 경진시였고 이름의 첫 글자는 'ㅅ', 'ㅈ'으로 시작됐다.

"아가씨! 지금 입고 있는 의복의 색깔은 오늘부터는 입지 말아요. 아마 존경스럽고 사랑하고픈 남자는 다른 여자에게 가버리고 쓸모가 없고 도저히 좋아할 수도 없는, 보기만 해도 지겨운 남자들은 아가씨를 좋아한다고 졸졸 따라 다니겠네요."

"어머! 그것을 어떻게…"

그녀는 한동안 멍하니 이 원장을 바라보고 있다가 천천히 자신의 옷을 살며시 만져보면서 목이 멘 소리로 간신히 물어보았다.

"옷의 색깔이 그렇게 중요하군요. 그것도 모르고 그냥 이런 검정색의 옷을 많이 입어서 남자 복이 없었군요?"

"무심결에 계속하는 그러한 습관이 운명을 결정하게 됩니다. 그래서 습관이 된 지금까지의 이름과 사주팔자, 그리고 그 옷 색깔의 그 주파수는 같은 주파수와 동조(同調)되는 것이 당연하므로 아마 궁합을 보나마나 그 남자들의 사주는 헛된 망상으로 뜬구름만을 잡으려고 실속 없이 떠도는 한탕주의 보헤미안 같은 무능한 사람들일 겁니다."

그 남자들의 사주들을 풀어보니 역시 예상했던 그대로 4주 생년월일시 천간의 별이 모두 금성이거나 또는 사주 지지에 오행이 모두 같은 오행의 별들로 모여 편중돼 있었다.

이 원장의 분석에 의하면 사주팔자나 이름에 같은 오행의 별이 너무 많거나 왕성하면 가족도, 돈도, 배우자도, 집도, 절도 모두 없으며 동가식서가숙하면서 정월 초하루 명절날도 가정에서 가족과 함께 있지 못하고 타향객지로 떠돌아다니면서 분주다사 하기는 하나 일평생 실속이 없이 개구리풀인 부평초(浮萍草)처럼 물에 둥둥 떠돌아다니다가 객지에서 외롭게 삶을 마감하는 사람들이 많이 있다.

이러한 모든 것들이 전생에 쌓아 놓은 음덕과 지은 복덕이 없어서 그런 것이니 이 일을 어찌하랴! 이 세상에 모든 일은 원인이 있어 결과가 있는 법. 우연히 자연히 얻어지는 것이나 기적이라는 것은 단 한 가지도 없는 법. 이 세상에 공짜가 어디에 있겠는가? 그것을 바라는 마음이 이미 도적놈의 심뽀(원래는 심포(心包)=동양의학에서는 사람의 5장 6부를 심포 삼초(三焦)경락을 추가하여 6장 6부 12경락이라고 부른다. 마음을 잘못 쓰는 몹시 나쁜 사람이거나 또는 몹시 부정적인 사람은 심포(心包) 경락을 고쳐 바르게 잡아주면 정상적인 사람으로 되는, 아직 눈으로는 식별되지 않는 신비한 경락(經絡)의 장부(臟腑)를 말함)가 아니겠는가?

불경에 이르기를 매사에 있어서 '어떤 일을 하던 부처님께 불공드리듯 하면 그때마다 항상 그곳에는 부처님이 나타나시어 함께 하시고 있다'라고 일러주셨으며, 옛말에 '정성이 지극하면 하늘이 감동한다'라고 말하지 않았던가? 이러한 이치를 그녀에게 요약해주면서 하루에 한 가지씩 남에게 좋은 일을 하고 매일 편안한 장소에서 혼자 있는 시간에 납작 엎드려 108번의 절을 하며 '지금까지 살아오는 동안에 알게 모르게 지은 잘못한 모든 일들과 죄를 온 우주만물과 인연이 됐던 모든 사람들을 향해 진정으로 참회하고 용서를 비오니, 저를 오늘부터 옳고 바른길로 인도하여 주시옵소서!'라고 100일 동안 참회하는 기도를 하라고 일러주었다.

또 이름에서 파생되는 주파수와 지금 입고 있는 의복 색깔의 작용은 항상 윗사람들과 배우자가 될 남자를 목재소에서 큰 원목을 켜고 있는 날카로운 톱날처럼 자르고 물리치며 위협을 하고 있는 것이라고 자세히 설명해주었다.

30. 제사를 지내는 시간
- 영혼의 파장은 밤 11시 30분~0시30분에 주파수 동조가 가장 강하게 감응

20여 년 전 1월에 그늘진 모습의 할머니 한 분이 신년운수를 보러 와서는 '회갑잔치를 해도 좋은가?'를 물어보았다.

그분은 1923년 10월 10일 새벽 2시경에 태어났다고 했다. 사주를 풀어보니 계해년 계해월 을미일 정축시였다.

그녀가 묻는 것과는 달리 이 원장의 말은 엉뚱했다.

"제사는 잘 지내시고 있나요?"

그녀는 어리둥절하면서 무슨 말인지를 잘 몰라 한참을 멍하니 이 원장을 바라보고만 있었다.

이 원장은 사주팔자를 자연현상에다 견주어볼 때가 많이 있는데 그녀의 사주는 납음(納音) 법으로 보면 생년과 생월은 대해수, 생일은 사중금, 생시는 간하수이니 사주명 전체가 모두 큰 강이나 바다 물속에 잠겨있는 형상인데다가 사주명에 남편의 별이 보이지는 않고 바닷물만 넘실거리고 있었다.

역리학에서는 물을 오행으로 '수'라고 하며 색깔로 표현하면 검은색이 되고 하루 중에는 가장 어두운 밤인 자시(子時)를 의미하고 영혼으로 표현하면 '물귀신'으로 통변하게 되기 때문에 그녀의 사주팔자는 조상님들 중에 물로 돌아가신 분들의 파장과 동조돼 있었다.

"온몸이 푹 가라앉는 듯 천근만근 무겁고 건망증이 심하고 눈도 어둡겠네요?"

"네. 너무 기력이 없고 온몸이 다 아파서 병원과 한의원을 다녀보았지만 신통하지가 않아요. 요즘에는 만사가 귀찮고 슬픈 생각만 나고 사는 재미를 못 느껴요."

"물에 빠져 돌아가신 조상영가들의 제사를 잘 받들어서 모시면 몸이 거뜬해지고 좋은 인연된 병원과 약국으로 인도돼 건강해질 수 있게 될 겁니다."

"어머나! 맞아요. 남편이 물에 빠져 돌아가셨어요. 그때부터 제사는 잘 지내고는 있는데요."

이 원장은 오늘날에 있어서 모두가 바쁘게 살다 보면 경사스런 행사를 토요일이나 일요일. 또는 공휴일로 미리 앞당겨서 하듯, 모든 경우는 이치(理致)요, 진리이므로 돌아가신 조상님의 제사를 지낼 때도 모든 가족이 동참할 수 있는 토요일 오후 11시 30분에서 다음 날 0시 30분 사이에 지내야만 조상님의 영혼이 감응하여 강림(降臨)하시게 되는 것이라고 쉽게 설명했다.

또 이어서 돌아가신 전날이라고 하는 것은 돌아가신 분의 입장이나, 역리학(易理學)에서 보면 오후 11시 30분부터가 다음 날의 시작인 자시(子時)가 되므로 그 영혼은 당연히 돌아가신 날에 제사를 받으시게 되는 것이라고 일러주었다.

다만 영혼의 파장은 자시(子時)가 되기 전에는 우주의 파장(波長)과 동조되기 어렵고 감응(感應)하기 쉽지 않아서 제사를 받지 못하고 구천(九天)을 떠돌아다니는 한 많은 객귀(客鬼)가 되어, 그 일그러진 파장이 살아 있는 후손에게 꿈이나, 어떤 형식으로 알려질 때, 여러 가지 불행한 사건이 발생하는 것이라고 알려주었다.

"아이고! 그것도 모르고 우리들은 정성스럽게 지낸다고 오후 9시쯤에 제사를 올렸었지요."

이 원장은 그녀의 밝아지기 시작한 모습을 그윽하게 바라보면서 간단한 기도문을 메모해 주었다.

"저와 인연된 조상 대대 친족 및 연족들의 모든 영가(靈駕)님들과 그리고 특히 물고기 잡으러 갔다가 물에 빠져서 돌아가신 남편영가께서는 어둡고 추우며 베고픈 곳에서 벗어나서, 밝고 따듯하며 행복한 나라로 모두 편안하게 가시옵소서."

라고 크게 소리를 내어 108번 절을 하면서 기도하되, 매일 하루에 한 번을 다음 제삿날이 돌아올 때까지 편안한 장소에서 편한 시간에 하시면 소원이 성취되시고 행복하게 될 수 있다고 확신을 심어 주었다.

31. 평생 부유하고 행복하게 살려면 아버지에게 신뢰받는 사람이 되도록 노력하세요

새해 어느 날 중년 부인이 큰딸의 혼사 문제로 궁합을 보러왔었다.

딸의 사주는 임술년 기유월 무오일 경신시였고 딸이 좋아하고 있는 청년은 무오년 경신월 경술일 신사시였다.

두 청춘 남녀의 사주팔자 명에서 공통분모를 찾아보니 남자에게는 아내를 상징하는 재물의 별이 보이지 않았고, 여자에게는 남편과 직장을 나타내는 별인 관성이 보이지 않았다. 즉 남녀 모두 배우자의 별을 찾아볼 수가 없었다.

"연애하고 있나 봐요?"

천간에 오행이 같은 별이 많이 있거나 지지에도 많이 있는 사람들은 대부분 연애결혼을 하게 되는 것을 수없이 많이 경험한 이 원장의 첫 번째 질문이었다.

더군다나 2009년에는 딸이 부모로부터 독립을 하려는 마음을 먹고 있는 것을 알 수 있는 것도 근원적인 같은 원리로서 자신이 태어난 날의 천간의 별과 같은 오행의 별이 새해 들어 가까이서 비치고 있었기 때문이었다.

"네 맞아요! 새해에는 꼭, 결혼하겠다고 하네요. 결혼할 날도 잡아주세요."

그러나 이 원장이 신중하게 한 말은 엉뚱했다.

"2014년이나 15년이 되기 전까지는 결혼할 좋은 날이 없을 것 같네요."

그 부인은 한동안 멍하니 이 원장의 얼굴만 바라보고 있었다.

"연애하는 것과는 달리 결혼생활은 실제상황입니다. 청년은 사람이 좋다는 말은 듣고 있겠지만 일정한 직업이나 연마하고 익힌 기술이 없어 이곳에서 저곳으로 떠돌이 생활을 하고 있는 것으로 보이며 모아놓은 돈도 없을 것 같고, 따님도 역시 인생의 앞날에 대한 뚜렷하고 확실한 설계도와 목표가 아직은 준비돼 있지 않는 것 같아서 말씀드리는 것입니다."

"맞아요! 그런 말들을 딸에게서 들었습니다만, 그래도 결혼하겠다고 하던데…."

"결혼식을 할 때 혼인서약을 하는 이유는 하늘에 계신 조상님들과 천지신명, 그리고 많은 축하객들 앞에서 자기 자신과 배우자 및 자기의 자녀들을 책임을 다해 잘 보살피고 양육하겠다는 약속이 아니고 무엇이겠습니까?"

이 원장은 말을 이어서 이 세상 그 누구를 막론하고 모두 행복하게 잘 살 수 있는 방법에 대해 오랫동안 연구해온 비결을 그녀에게 다음과 같이 일러주었다.

"따님이 오늘부터 당장 무조건적으로 아버지를 존경하고 신뢰하며 그분의 모든 것을 모두 긍정적으로 이해하고 받아들이며, 명령하신 말씀에 대해 옳고 틀림에 토를 달지 말고 무조건적으로 복종하고 그 즉시 실행하기를 만 3년 이상 습관이 되도록 노력하면 틀림없이 사주팔자를 초월해 행복한 일생을 살아가게 될 것입니다."

이 원장의 설명에 의하면 사주 명리학에서는 재물의 별을 사람으로 통변할 때는 부친과 그 형제, 부인과 그 형제, 시부모와 그 형제들로

본다는 것이다. 재물은 시장, 경제, 현금, 금은보화, 현실 등 사람으로는 여자로 보기 때문에 재물의 별인 아버지를 공경하고 믿으며 명령에 무조건 복종하고 따르면, 그 아버지는 모든 것을 아낌없이 주시려는 성향 때문에 아버지와 이 세상에 모든 아버지들에게서 신뢰받고 사랑을 받는 사람이 되기만 하면 누구나 경제적으로 넉넉하게 되고 행복한 일생을 살아가게 되는 것이 우주법도의 이치(理致)라는 것이다.

32. 젊어지는 사주팔자

- 5년 안에 황혼을 함께 할 복덕있는 배우자를 만나시게 될 운이 있네요

어느 날 할머니가 손녀의 이름을 지어 달라고 방문했다.

이름을 지으려면 탄생한 아기와 연관된 사람들의 사주와 이름들이 필요하니 그것들을 메모해 달라고 했다.

적어준 아기 및 부모의 생년월일시와 태어난 아기가 장차 앞으로 자주 만나게 될 가족들의 이름들을 두루 살펴보던 중에 그 할머니의 생년월일시와 성함도 써 주셨기에 그 내용도 천천히 살펴보았다.

그 아기는 2009년 1월 19일 오전 9시 40분에 태어나 사주팔자를 풀어보니 외국에 나가 공부하고 조국으로 돌아와 나라의 위상을 빛내고 높여주는 사주명이었다.

"특수한 문서를 관장하는 일을 하는 사람이 되겠네요. 잘 기르시면 큰 인물이 될 것입니다."

이 원장은 아기의 이름은 평생을 부르고 써야 하므로 완성되려면 2~3일 정도나 그 이상의 시간이 소요된다고 했더니 그렇다면 이왕 왔으니 당신의 사주팔자를 풀어 상담해 주면 어떠냐고 슬며시 물었다.

"마당발 여장부요, 여걸이시네요! 무엇이던지 조금이라도 갖고 있으면 이웃들을 찾아다니면서까지 나누어 주시는 성품인데 집에서 손자들이나 돌보고 있자니 천불이 나고 삼천리 방방곡곡 온몸과 마음이 불편하고 아픈 곳이 많겠네요?"

"어머나! 정말 그래요. 몸이 몹시 뒤틀리고 편안하지가 않아요."

"새해부터는 장차 5~6년 사이에 멋진 노신사를 만나 결혼을 하시게 되는 운이니 지금부터 준비하시죠."

할머니는 순간 소녀처럼 얼굴이 붉어지자 두 손으로 얼굴을 감싸면서 온몸을 감추려고 했다.

그녀는 메밀국수를 맛있게 하는 솜씨를 천성으로 타고나서 평생토록 아들 3형제를 기르면서 어려운 환경에서 메밀음식점을 시작했는데 점차 입소문이 나면서부터는 단골손님들이 기하급수적으로 늘어나서 앉을 자리가 없을 만큼 운영이 잘 돼, 10년 전부터는 그 감사한 마음을 하늘에 보답하고자 아들 3형제와 함께 간간이 약 500명분 정도의 노인들에게 식사를 그냥 대접해오고 있다가 3~4년 전부터는 자손들에게 3곳의 영업장을 모두 물려주어 지금은 집에서 손자들을 돌보면서 자문역할만 하고 있다는 것이다.

그런데 최근 얼마 전부터는 친구들이 만날 때마다 좋은 사람을 소개시켜 줄 테니 아예 팔자를 고쳐보자고 하면서 사양할 틈도 주지 않고 막 몰아붙인다는 것이다.

여성의 인생 40세, 황금보다도 더 귀한 청춘에 남편을 여의고 오로지 자식들을 잘 기르려고 앞만 보고 외길인생을 살아온 것을 옆에서 지켜본 일가친지와 친구들이 그렇게 자신의 일처럼 앞장서서 황혼기를 함께 할 반려자인 짝을 찾아주려고 노력하고 있다는 것은 아마도 그녀가 '관세음보살'이나 '천사'의 대역(代役)을 맡아 조건 없이 남을 돕고자 하는 그녀에 대한 당연한 '보상'일 것이라고 이 원장은 가슴속 깊은 곳에 새기고 있었다.

"팔자를 고쳐보겠다는 생각은 없습니다. 단지 저에게 바람이 있다면,

아직은 그런대로 육신이 불편하지 않고 건강한 편이니 새해에는 다시 초심으로 돌아가 새로운 장소에다 메밀 전문 음식점을 열어서 몇 년간이고 저 혼자 할 수 있는 만큼만 일을 열심히 하다가 어느 날 밤에 잠자다가 슬며시 저승으로 가고 싶다는 간절한 마음만은 있답니다."

"알고 지내시는 많은 사람들의 마음이 곧 하늘의 마음입니다. 그러니 즐거운 마음으로 음식을 만드시고 그것을 많은 사람들에게 나누어 주시면서 새해부터는 황혼의 인생을 함께 하실 반려자를 받아들일 마음의 문을 늘 열어두시길 바랍니다."

"어쩜… 망측하게…." 수줍어하는 그녀는 약 20년이나 젊어진 모습이 되어 있었다.

33. 사주팔자에 끼어 있는 살

- 국가와 공익을 위해 집행하는 일이면 귀한 신분으로 180도 역전

어느 날 이웃의 소개로 찾아온 중년 부인이 있었다.

그녀가 메모해 준 것을 기초자료로 상담에 응하려는데 날카로운 화살을 쏴 날렸다.

"여기 왜 왔는지 맞춰야 되는 것 아닌가요?"

"어렵지 않은 질문이네요. 오신 분이 왜 왔는지 잘 알고 있으니까요. 혹시 무심코 발길 따라 왔다면 다음 기회에 다시 오시면 좋겠네요."

"말도 안 돼…"

이 원장은 항상 인생문제를 근원에서부터 고찰해 상담에 응한다. 단편적인 상담이나 판단은 사람들에게 요행심과 더불어 불행을 안겨줄 수도 있다고 판단되기 때문이다. 그래서 시절 인연을 최우선으로 가장 중요시여기고 있다. 사주팔자 명리학은 천문학인 우주의 법칙이기 때문에 그 사람이 타고난 별들의 에너지 파장과 동조되어서 인연이 닿아 1년 365일 많은 날 가운데 하필이면 그날 그 시각에 만나게 돼 있기 때문이다.

모든 사람들을 근원적으로 행복할 수 있는 길로 안내하는 불경 중 千手(천수) 天眼(천안) 觀自在菩薩(관자재보살) 광대원만 무애대비심 大(대)다라니경에서 부처님이 말씀하시길 '나의 가르침을 기록해 놓은 경전을 받아 읽어 마음에 간직하고 실천하게 됨은 전생에서 복 밭에 지어 놓은 복덕(福德)이 있기 때문에 그런 인연으로 만나게 된 것이며, 지어 놓은 복이 없으면 백천만겁의 세월이 흘러도 만나보기 쉽지 않다'라고 말씀하신 문구 '無常甚心(무상심심) 微妙法(미묘법)/百千萬劫難遭遇(백천만겁난조우)'를 이 원장은 마음속으로 다시 되새기고 있었다.

그녀의 사주를 풀어보니 기해년 신미월 기해일 신미시였다. 남편을 상징하는 관성의 별이 보이지 않았고, 현실을 직시하는 재물의 별들이 합하고 묶이면서 다른 별로 변하여 제 구실을 못하고 있었다. 즉 일반적인 가정주부로서의 생활을 하지 못하고 무속인의 길로 가거나 도인의 길을 걷게 되는 운명을 타고난 것이다.

"우리 딸이 28살 개띠인데 조견표를 보니까 아주 흉악한 운수로 돼 있고 딸의 남자친구는 32살 말띠인데 둘이서 어찌하다 아무 대책도 없이 임신을 했다고 하는데, 금년 소띠의 아기와 우리 딸 개띠와는 삼형살이 끼게 되고 말띠와는 원진살을 끼게 되어 평생토록 세 사람이 서로 미워하면서 살아가게 됐는데, 차라리 낙태를 시켜야 좋을 것 같아 그것 때문에 찾아왔으니 잘 좀 풀어봐 주세요."

"천벌 받을 작정을 한 사람 같구먼!"

그 순간 이 원장의 눈에서 불꽃이 튀어 날아감과 동시에 벌떡 일어나 고함을 치자 그녀는 방바닥에 엉덩방아를 찧었다.

"나도 40년 정도 이 어려운 역리학을 공부하며 연구하고 있어도 알고 있는 것보다 모르는 것이 너무나 많아 스승님을 찾아다니며 지금도 공부를 하고 있지만, 당신은 아직 당신 눈에 있는 대들보도 보지 못하는 주제에 사람들을 서슴없이 살인하고 죽이는 말을 마구 해대니 그 천벌을 어찌 다 받으려고 그럽니까?"

그녀는 어느새 무릎을 꿇고 두 손을 싹싹 빌면서 용서를 빌고 있었다. 노발대발하던 이 원장의 눈빛이 부드러워지면서 그녀를 일으켜 다시 의자에 앉도록 권하였다. 그러면서 그녀의 수준에서 알아듣기 쉽게 神殺(신살)에 대한 개념을 이해가 되도록 정리해 주었다. 그녀는 고개를 끄덕이기 시작하더니 얼굴이 훤해지기 시작했다.

"조금 전까지만 해도 사주팔자나 운에 살이 끼어 있으면 무조건 아주 나쁘고 흉한 것들만 있는 줄 알았습니다."

"그렇습니다. 칼을 의사가 사용할 때는 사람을 살리기 위해서이지만 살인강도가 마구 휘두르면 사람을 죽이는데 쓰이게 되는 이치와 같은 것이라고 가슴 깊이 새겨 두시기 바랍니다."

"그러면 선생님만 믿고 아기를 낳아 잘 기르라고 할게요. 이젠 살이 끼거나 있어도 걱정거리가 없어졌네요. 흉한 살은 선생님이 풀어 주시거나 그 살을 잘 사용할 수 있도록 인생 진로 방향을 가르쳐 주시면 되니까요. 감사합니다. 선생님."

그녀는 이 원장에게 받은 귀중한 보물을 가슴속에 받아 간직하고 행복해진 모습으로 상담실을 뒤로 하였다.

34. 사주팔자에 재물의 별이 보이지 않으면 현실, 재물, 결혼과 가정에 관심이 없다

10여 년 전 정초에 노년의 부부가 연구실을 찾아왔다.

"선생님! 제발 우리 딸 좀 시집 보내주세요."

"아직 미혼인가 본데 시집을 가게 되는 것은 당연한 일이 아닌가요?"

이 원장은 반문하면서 문제가 되는 점을 함께 진지하게 풀어나가기 시작했다.

그 남편이 달필로 메모해주신 것들 중에서 딸의 사주명과 가족들의 모든 것들을 두루 살펴보았더니 딸은 34살로 사주명은 갑인년 무진월 기축일 기사시였다.

"사주에 재물의 별이 보이지 않으면 시집을 간다는 말을 안 합니다. 특히 오늘 이 시각까지 계속 부르고 쓰고 있는 이름까지도 재물의 별과 연관이 없으니, 어쩌다 결혼과 연관된 말이 있게 되면 그때마다 시집을 가지 않겠다는 말을 해 부모님의 마음을 아프게 하고 있겠네요?"

"네 맞아요! 34살이나 먹었는데… 글쎄, 이 일을 어찌해야 좋지요?"

그 부인은 코앞까지 바짝 다가앉았다. 이 원장도 마음이 답답해서 이번에는 제갈공명이 신출귀몰하게 포국(布局)하여 응용했다던 비법인 기문둔갑으로 그 딸의 사주명국을 풀어보았다. 이것 역시 60세까지 국가기관에서 청렴한 관리로서 평생 문서를 다루는 일을 하는 명국이지만 시댁과 남편을 의미하는 별은 허상(虛像)으로 있었다.

이 원장은 상담할 때 사주와 이름을 비교 검토해 그 어느 곳에서도 꼭 필요한 별의 에너지가 없거나 보이지 않는 사람에게는 항상 쓰고 부르는 이름에다 부족한 별들의 에너지를 보완해 지속적으로 사용하게 되면 그 별의 에너지가 정착돼 부족한 부분이 보완되고 서서히 행복한 인생으로 개선될 수 있다는 근본적이고 학리적인 방법을 알려주어 희망과 꿈을 안겨줄 수 있는 길로 인도하려고 노력하고 있다.

예를 들어 과거에 많은 선현들 가운데 '이율곡 선생은 아호가 20여 개 이상 있었지만 그 중에서 가장 많이 세상에 알려진 것이 율곡(栗谷)인데 원래 본명은 이이(李珥)였다.

그러나 오늘날 '이율곡'이라고 호칭하면 모두 알지만 '이이'라고 하면 처음 듣는 이름처럼 낯설어하는 사람들도 많이 있다는 것이 현실이다.

이와 같이 이 원장도 오늘날까지 깨달음을 주신 많은 스승님들께서 지어주신 아호(雅號)들이 여럿 있는데 그 대표적인 것들이 '효봉', '운성', '정묵', '윤석' 등이 있다. 그 중에서도 많이 알려져 있는 아호 '윤석'을 아예 사람들이 성을 함께 붙여 '이윤석'으로 부르고 쓰고 있기 때문에 어쩌다 많은 사람이 모인 장소에서 '이목영'이라고 하면 대부분의 사람들은 오히려 '이목영'을 처음 듣는 이름처럼 어색하게 느끼고 있다.

또 어떤 분들은 아예 '목영'이라는 것이 아호일 것이라고 생각하시어 아예 '목영 이윤석'으로 우편물을 보내주시는 경우도 종종 있다.

이처럼 그들은 이 원장이 쉽게 설명한 내용이 충분히 이해가 되자마자 딸이 앞으로 행복한 인생을 살아갈 수 있도록 이름 및 그 외에 부수적으로 필요한 방법들을 부탁했다.

2년 후, 그 노부부는 싱글벙글하면서 이 원장을 다시 찾아와 그 딸의 결혼 날을 잡아달라고 했다. 이 원장은 봄비가 약간 내리는 날로 초목이 움터 쑥쑥 땅을 뚫고 나오는 날로 택일하였으니 미리 알고 있으라고 일러주었다.

"신통하데요. 선생님이 쉽게 일러주신 대로만 했을 뿐인데, 3~4개월 지나면서부터는 짜증도 부리지 않고 말을 고분고분 잘 듣기 시작하더니 드디어 올해 36살에 결혼하게 됐습니다. 감사합니다. 선생님."

35. 돈은 생명의 근원인 물과 같다.
고이면 썩듯, 사람도 병들어 죽게 된다

오래전부터 집안에 중대사가 있으면 찾아오시는 노부인 중에 한 분이 예약을 한 후 50대 초반으로 보이는 사위와 함께 찾아왔다.

"새해 정월에 오셨으니 세배 받으세요."

이 원장이 새해를 맞이해 무병장수하시라고 엎드려 절을 하는데,

"어머머…. 부끄럽게 같이 늙어 가면서 절은 무슨 절을요?"

"저는 항상 제 마음속에 지엄하시고 높으신 분을 모시고 있기 때문에 형제간에도 맞절을 하는 것이 당연한 도리라고 생각합니다."

노부인이 말리시던 말든 이 원장은 공손하게 큰절을 올린 후 세뱃돈으로 은행에서 바꾼 새 지폐가 아직 몇 장은 남아있던 차라 요긴하게 사용하시라고 드린 뒤에 그 노부인과 함께 온 큰사위에게 65세가 넘으신 어르신들께는 정초에 새배를 드릴 때나, 가끔 만나 뵙게 될 때에는 공손한 자세로 용돈을 드려야 한다고 일러주었다.

그 사위의 사주명은 무술년 무오월 을축일 병자시였고 이름이 모두 '사' 자 발음으로 구성돼 있었다. 이 원장이 보기로는 그는 23년 전 그 노부인의 큰 딸과 결혼했는데 누구나 그러하듯 결혼 초에는 경제적으로 어렵게 살아가면서 10년 이상 저축해야 자기 집을 마련할 수 있는 법인데 그는 처가의 덕이 있어서 장인어른이 결혼할 때 105㎡(32평) 아파트를 마련해주신 것으로 보였다.

그 사위 명에는 재물에 관한 별들이 지나치게 많이 있는 것도 걱정스러워 보였는데 또다시 큰 운을 관장하는 별이 10년 전부터 들어와 있어 아예 돈만을 모으기 위해서 살아가는 구두쇠가 돼 가고 있는 것으로 판단됐다.

"작년부터 더 많은 돈이 모아지는 모양인데, 돈이 더 많이 모이면 모일수록 정반대로 본인을 포함해 가까운 사람들을 생사이별로 잃어버릴 수도 있을 운이니 몸과 마음을 낮게 낮추세요."

그러자 옆에서 계시던 노부인이 이 원장의 손을 덥석 잡았다.

"아이고! 내 외손녀 좀 살려주세요."

그 외손녀는 작년 겨울부터 밥맛이 없어 음식을 잘 먹지 못해 몸이 마르기 시작, 지금은 체중이 35kg이라는 것이다. 그래서 3개월째 대학병원에 입원을 하고 있는데 지금도 그 원인이 정확하지 않다는 것이다.

이 원장은 평소에 '돈'이란 '살아있는 신'과 같은 것으로서 '돌고 돈다'고 해 '돈'이라고 부르기 때문에 돈을 묶어 두어 돌아가지 못하게 하면 그 돈의 주파수와 동조된 파장의 생명들은 썩고 병들어 죽게 될 수도 있다고 주장해왔다. 그래서 그것을 해결할 근원적인 방법을 일러주었다.

먼저 집안에 전기와 물이 관련된 모든 곳을 소통이 잘 되도록 깨끗하게 정리하면서 고치고 온 가족이 손바닥에다 화상 없는 쑥뜸을 100일 동안 뜰 것이며, 조상의 묘소를 찾아가 자신의 생명을 바치듯 참회의 정성을 올릴 것과 딸의 이름으로 자선봉사 단체에다 양심에 가책을 받지 않을 만큼의 재물을 헌금, 보시하라고 일러주었다.

36. '명품 브랜드'는 전문성을 갖고, 평생 언제라도 A/S하겠다는 각오와 신념을 가져야

한 달 전 지난해 상담했던 중년 부인이 신년 운수를 보러 왔다. 그녀는 계묘년 신유월 갑술일에 태어났으나 시는 모른다고 했다.

약 40년 이전에 출생한 사람들의 대부분은 출생한 날이나, 더 나아가 출생한 시간이 명확하지 않기 때문에 상담할 때는 천천히 그 사람의 체상(體相)및 관상(觀相)과 몸의 움직임, 목소리의 고저장단(高低長短)과 음색(音色) 그리고 지금까지 부르고 써온 이름들을 세밀하게 살펴보고 난 뒤에 상담하기 시작한다.

이 원장은 "'라이프코칭'으로서 전공해야 할 학과와 인생 진로, 직업및 배우자 선택 등 근원적으로 문제를 풀어나가는 전문상담기법은 족집게처럼 점을 치는 방법과는 각도가 전혀 다르다."고 말한다.

"작년에 오셨을 때 부인은 문서나 기술을 익혀 그것으로 살아가시면 행복할 수 있다고 말씀드렸던 것으로 기억하고 있습니다. 그날 자그마한 포장마차 같은 식당을 보아 두었는데 하면 잘 되겠냐고 물으셨고, 저는 자격증이 없이 음식과 연관된 일을 하려면 남편이 다니시는 공장 안에 매점이나 그와 비슷한 환경조건에서 음식점을 하면 좋지만 그렇지 못하면 빚만 지고 손해를 보게 될 수도 있다고 당부의 말씀을 드렸던 것으로 생각납니다."

"그때 선생님의 말씀대로 하지 않아서 보증금을 5개월째 축내고 있으니 앞으로 어떻게 하면 좋을까요?"

이 원장은 우리들 생활주변을 보면 음식점이나 그와 연관된 일을 하는 사람들이 너무나도 많이 있는데 이것은 전문성이 없으면서도 누구나 쉽게 할 수도 있다는 일반적인 생각 때문이라고 지적하면서 이 세상 쉬운 것이 어디 있겠는가? 어떠한 일을 하든지 항상 사람들을 사랑하고 아끼며 존중하고 배려하면서 특출한 전문성을 갖춘 뒤에 먼저 이익을 보겠다는 마음보다는 사람들에게 꼭 필요로 하는 것을 자신 있게 제공하면서, 그것을 평생 동안 A/S 하겠다는 각오로 처신한다면 지금처럼 어려울 때에도 흑자운영을 해 나아갈 수 있을 것이며 바로 그것이 오늘날의 명품 '브랜드'라고 쉽게 일러주었다.

또 12지지(地支) 동물들은 신을 닮은 사람에 비해 모두 부족한 부분이 많기 때문에 선별해 놓은 것이라고 고서(古書)에 기록돼 있는데, 그중 토끼는 눈알이 빨갛고 윗입술이 잘 보이지 않듯 너무 지나친 물질욕심과 현실에 집착하다보면, 출생한 띠의 속성과 같아질 수도 있다고 설명해주었다.

"선생님 오래전에 가정에 우환이 많아서 신점을 치러 갔을 때, 그 신당에서 쌀 담은 작은 항아리를 제집에 가지고 온 것이 지금까지 그냥 그대로 있는데 함부로 할 수도 없는 것이라서 어떻게 하면 좋을는지요?"

"쌀은 귀중한 것입니다. 쌀농사를 지으려면 88번 이상 정성이 깃든 땀을 흘려야 된다는 뜻으로 위로 팔(八), 중간글자 열 십(十) 아래로 팔(八)이라는 글자를 합성한 것이 쌀 미(米)라는 글자입니다. 그 쌀이 그동안 병들어 썩어 있으니, 모든 일이 순조롭게 되어갈 리가 없겠지요."

이 원장은 100일 동안 온 우주만물과 그 쌀을 향한 속죄하는 참회의 기도를 그녀 스스로가 자기 집에서 정성껏 올린 뒤에 그 생명이 본래 있었던 자리로 되돌리는 방법을 쉽게 일러주었다.

37. 손님 스스로가 확신이 있을 때, 아내와 자녀들이 당신을 신뢰합니다

지난 2006년 2월쯤 어두운 영혼이 함께하고 있는 50세 정도의 남자가 상담하러 왔다.

그 남자는 1957년 정유년 신해월 정미일에 태어났으나 시간은 모른다고 했다.

"선생께서 단 한순간에 일확천금을 잡아보려는 모양인데 지금 당장 그 망상을 버리세요."

그는 오래전부터 어두운 방 한구석에 놓여있는 컴퓨터 속에 들어가 투전놀이를 하면서 매일 일희일비(一喜一悲)하고 있는 중이라고 실토했다.

"선생은 천부적으로 기술자로 타고났으니 지금 당장이라도 전기 모터나 엔진 및 보일러와 연관된 일을 하는 직장에서 근무하면서 그 기술로 사방팔방을 다니면서 A/S 및 설비하는 일을 즐겁게 한다면 노후가 행복하지만, 지금처럼 뜬구름이나 잡으려고 요행수만 바란다면 선생은 그것 때문에 사랑도, 재물도, 사람도, 생명까지도 모두 잃어버리게 될 수도 있으니 정신 바짝 차리세요."

"그래서 그런지 오래전에 집사람이 집을 나가 소식을 알 수 없는데 또 3일 전에는 아들놈에게 대학교 등록금을 내라고 돈을 주었는데 오늘까지도 집에 들어오지도 않고 연락이 없어서 답답해 이곳에 왔습니다."

"다행히도 부인과 아들은 살아 있는 것으로 보이니 너무 걱정하지 말아요."

그는 여자들이 좋아할 수 있는 얼굴과 체구의 소유자였지만 현실적인 여자들이 볼 때에는 그의 이지러진 여성관과 현실 및 금전 등에 대한 생각이 병들어 있었기 때문에 기차의 선로가 일정한 간격의 거리를 유지하면서 만나지 못하듯 어쩔 수 없이 그냥 스쳐가는 남자 중 한 사람일 것이라고 생각했다.

특히 그의 황제 같은 망상은 '여성은 집안에만 있어야지 집 밖에 나가면 다른 남자와 사고가 날 수도 있다'는 지나친 정신병적인 생각에 젖어 있어서 오래전부터 아내를 감시하고자 집에서만 24시간 근무(?)를 하고 있었던 것이다.

"선생 스스로가 자신을 배신하고 못 믿는 마당에 아내와 아들이 선생의 말에 복종하고 따르길 원한다면 오늘부터 선생 스스로가 거듭나야 됩니다."

이 원장은 그가 몸소 오늘부터 생활하면서 쉽게 실천할 수 있는 간단한 방법을 다음과 같이 알려주었다.

첫째 지금 살고 있는 집을 이사할 것, 둘째 안경을 항상 쓰고 살아갈 것, 셋째 지금 다니고 있는 교회에 가서 지금까지 50년간 살아오는 동안에 알게 모르게 지은 크고 작은 모든 잘못된 일과 죄를 내일부터 새벽에 온 우주 만물과 모든 사람들을 향해 100일 동안 매일 참회하고 진정으로 용서를 구하는 기도를 올릴 것 등이다.

그 다음 호적상의 이름과는 별도로 생년월일시를 보완할 수 있는 세례명을 교회에서 받아서 항상 사용할 것 등을 자세히 일러주었다.

1년 후 그 남자는 이 원장이 혼신을 다해서 일러준 방법을 몸소 실천했던지 배우자궁과 자손궁 및 관록궁이 좋아 보이는 모습으로 선물을 들고 인사를 왔다.

38. 타국서 만난 한 여인의 사주
- 적도의 나라에서 만난 부인의 가족 진로상담

얼마 전 인도네시아에서 14일간 머물 때였다.

뜨거운 이국땅에서 그곳에 있는 대부분의 한국 교포들은 편안하지 못한 생활을 하고 있었다. 쌀을 씻어 밥을 하고 찌개와 국, 반찬을 만들어 먹는 것에서 양치질을 위해서는 반드시 진공 포장이 돼 있는 물을 비싼 돈으로 구입해야 했다. 이러다 보니 산 높고 물 좋은 우리 금수강산을 떠나 살고 있는 이곳 교민들은 그 외로운 향수(鄕愁)를 어떻게 달래가면서 살아가고 있는지가 궁금했다.

며칠 동안 알아본 바에 의하면 인도네시아 수라바야 동부 자바에서는 불교를 믿는 교민들을 위해 1, 3주째 일요일마다 한인불교회의 모임이 있어 정기적으로 법회를 열고 있다고 했다.

하지만 정해놓은 일정 때문에 아쉽게도 불교회에는 참석할 수가 없었다. 대신해서 기독교를 믿는 교민들을 위한 한인교회에는 일정이 맞아 둘째 주일날 부활절 예배에 참석할 수가 있었다.

그 지역에서 생활하고 있는 한국 사람들을 하나로 묶어 대가족으로 이끌어가고 있는 종교지도자들의 열정을 엿볼 수 있었다. 그곳은 모두 한자리에서 음식을 만들어 그리워하는 고국의 향기와 맛을 나누기도 하고 마치 안락함을 주는 큰 집이면서 예전부터 살고 있던 집이라고 착각을 할 정도로 편안해 보였다.

그중 서울이 고향이라는 한 교인이 다음날 점심을 편안한 곳에서 함께 하며 아들의 진로에 대해 상담받기를 원했다. 다음 날, 샹그릴라 레스토랑에서 의뢰인 부인과 점심식사를 함께한 뒤에 발밑으로 안개처럼 퍼져나가는 감미로운 멜로디와 함께 차를 마시고 있었다.

"선생님. 저희는 언제까지 이곳에서 있어야 좋을지, 또 우리 아들은 중학교 1학년인데 장차 어떤 방향으로 공부를 시켜야 할지요?"

알아보니 상담을 받는 부인의 남편에 대한 명운은 병신년 경자월 을묘일이었다. 그들의 사주팔자는 너무나도 한냉(寒冷)해 모든 생명체가 살아가기 어려운 사주의 구성이었다. 하지만 다행스럽게도 대운(大運)인 자전궤도의 흐름이 동남방으로 흘러가고 있는 것으로 보아 사주명리학은 곧, 천문학이요 자연과학이기 때문에 자신이 태어나서 살아온 지역보다는 위도상으로 남쪽인 적도 아래 열대지역인 이곳 인도네시아에서 직장생활을 하고 있는 것은 모두가 조상님들과 천지신명들의 보살핌이라고 일러주면서 덕담을 한마디 더 얹어주었다.

"만약 이곳에 와서도 부인께서 남편의 직장 관계로 또, 떨어져 살고 있지 않았다면 부인께서는 이미 오래전에 남편+재산+아들+생명=0, 즉 이 세상에 남아 있는 것이라곤 하나도 없었을 것입니다. 다행히 지은 복이 있어서 남편과 매일 한곳에서 함께하지 못하는 아쉬움이 있기는 하나, 그것 외에는 귀족처럼 모든 것을 다 누리면서 살고 계시니 두 부부와 아들은 고국과 동남아 일대를 왕래하는 과정에서 아들은 쉽게 5개국 언어와 관광 및 호텔을 경영하는 방법을 은연중에 달관하게 될 것이니 정서적으로 안정돼 있으면서, 인간적인 면을 갖춘 사람으로 성장하도록 교육을 하면 후손 대대로 행복하게 살아가게 될 것입니다."

39. '예쁜 악마' 부인과 법 없이도 살 남편
- 50세에 대학생 되겠네요

오래전 한 중년 부인이 부부갈등 문제를 상담하러 왔다.

"남편은 참으로 착한 사람이네요, 이 세상에 법이 있어야 할 필요가 없는 곳에서 살아가면 좋겠네요."

"그럼 저는 어떻게 살아가는 것이 좋은지요?"

그녀는 3.1 만세운동 때 16살에 민족의 자주독립을 위해 횃불을 하늘 높이 든 유관순 누나처럼 작고 예쁜 여성이었다.

상담할 때에 적지 않은 의뢰인들이 직선적으로 말해주기를 원하는 경우가 종종 있는데 그 여자도 그랬다.

"부인은 남편과는 달리 현실을 직시하면서 살아가기 위해서는 실제 상황에 필요한 조건을 지닌 '예쁜 악마'라고 느껴지네요."

이 원장은 '좀 심하게 말했나?' 생각했지만, 그녀는 이러한 말에 대해 오히려 감사하게 생각하고 있었다.

"당연하지요, 18살과 16살 된 1남 1녀를 남에게 뒤지지 않게 공부시키려면 남편이 적극적으로 사회에 참여하고 대응해야 하는데, 그분은 집의 방 한구석에서 컴퓨터와 친구하면서 주식시세나 보고 일희일비하고 술을 매일 마시며 살아가는데. 마치 구경꾼처럼 먼발치에서 자식들이 성장해가고 있는 모습을 보고 즐기는 것을 보람으로 느끼고 살아가고 있기 때문에 어쩔 수 없이 실제상황인 생활의 모든 책임을 말은 제가 억척스럽게 살아오지 않았다면 오늘날의 우리 가족들에게는 미래가 없었을 것입니다."

이 원장은 그녀의 장점들은 모두 칭찬하고 경의를 표했지만 혹시나 그녀가 한순간, 한 찰나라도 방만하지 않도록 하기 위해 감동적인 말 한마디를 그녀 손에 꼭 쥐어주었다.

"남편이나 자녀들은 물론이고 시댁의 모든 어른들이 부인을 높이 평가하겠네요. 제가 보는 부인의 사주팔자와 대운의 진행 방향을 보면 18살 이후부터 49세까지 대운의 운로가 사회인으로서 직장 운과 재물 운이 끝나고 50세부터는 청소년처럼 뒤늦게 공부하는 운이 오게 되니 아들, 딸과 함께 대학교를 다니게 될 겁니다."

이 원장은 평안한 어조로 말을 이었다.

"즉 2009년부터는 20대 젊은이들과 함께 대학생이 되는 즐거움을 맛볼 수 있을 것 같으니 지금부터 마음의 준비를 해두시는 것도 행복한 삶의 연속이 될 것입니다. 또 사주팔자의 특별한 통계에 의하면 나이가 70세가 되어도 50세 정도로 보이는 체질을 타고났으니 지금부터 잘 관리하시면 더욱 좋겠습니다."

40. 명상가(命相家)의 미래예측

- 똑같은 사주팔자라도 환경과 직업, 성명에 따라
확실하게 행·불행으로 좌우돼

어느 날 40대 초반으로 보이는 귀품이 은은하게 풍기는 여성이 상담하러 왔다.

예로부터 인생 60년 정도를 살다 보면 전문가는 아닐지라도 반 관상, 반 의사, 반 무당이 된다고 하는 말이 전래되어 오고 있다.

이묵영 원장은 순간적으로 본 모든 것들을 토대로 하는데, 예를 들자면 상담 의뢰인의 음색과 목소리의 고저장단, 의복의 색깔 및 디자인과 모든 것들을 종합적으로 보고 상담을 한다.

관상(觀相)이라는 말을 일상생활에서도 많이 사용하고 있는데, 어떤 형상을 보는 것이라면 당연히 형상 상(像)의 글자로 사용하는 것이 마땅할 것 같은데도 불구하고 필히 관상(觀相) 재상(宰相). 수상(首相). 등을 표기할 때는 서로 상(相)자로 쓰고 있다.

석가모니 부처님의 가르침이신 불경(佛經)에서의 사상(四相)인 아상(我相) 인상(人相) 중생상(衆生相) 수자상(壽者相)을 표기할 때도 이 상(相)자로 쓰고 있다.

왜? 꼭 그렇게 표기를 해야만 될 이유가 무엇일까? 이 원장은 적지 않은 세월 동안 고뇌하면서 최근에 얻어낸 우매한 답에 의하면, '상(相)이란 큰 나무(木)에 중간쯤 올라가서 객관적인 눈으로 보라는 뜻인,

즉 자연과 하나가 된 마음의 눈(目)으로 보라는 깊은 뜻이 담긴 선각자들의 가르침으로서 무아(無我)의 경지에서 우주자연을 보라는 뜻이 담긴 메시지가 아닐까?'로 1차적으로 결론을 내려놓고 앞으로 더 고심해볼 요량이다.

그러나 오늘날 무아의 경지를 이룬 큰 도인을 찾아뵙기가 쉽지가 않은 현시점에서는 차라리 명상가(命相家)로서 이 원장은 찰나적인 순간에 직관(直觀)으로 관상을 보고 사주팔자를 풀어주는 상담방법이 현실적으로는 타당할 것이라고 생각하고 있다.

상담할 그녀는 몸에서 풍기는 체상(體相)과는 달리 사주팔자와 이름의 명운에서는 여름철 삼복더위에 태양이 강한 불기운을 머리 위로 내려쬐는 강력한 열기로 생명체가 생존할 수 없는 사막을 연상케 하고 있었다. 그러한 곳에다 생명체가 살아갈 수 있도록 하려면 수심이 깊고 물이 맑으며 시원한 강과 바다를 개발하여 그 환경을 끌어 오거나, 아니면 그녀 스스로가 그러한 환경에서 생활해야만 성공하고 행복하게 살아갈 수 있는 생활용신법을 일러주면서 똑같은 사주팔자라도 직업 환경에 따라서 좋은 명운과 흉한 명운이 180도 다르게 되는 이치도 쉽게 말해 주었다.

그녀의 사주는 계묘년 기미월 계미일 정사시였다.

"바닷물과 연관된 국가기관에서 근무하고 있다면 올해 官星운이 왔으니, 영전 승진하는 경사가 있을 것이나, 만일 개인적인 상, 사업을 운영하신다면, 180도 정반대로 경영난으로 부도가 나고 폐업을 하게 되며, 관재구설로 형액까지도 당할 수도 있으니 대비하시는 것이 좋겠습니다."

순간 자리에서 일어난 그녀는 환희에 찬 모습으로 정중하게 인사를 하고 미래의 큰 꿈인 영전 승진의 길로 힘차게 행진했다.

41. 사주팔자는 자연과학
- 물 기운 강한 섬에 투자해 '돈벼락'

오래전에 있었던 일이다. 40대 중반쯤으로 보이는 부인이 이목영 원장을 찾아왔다.

"사하라 사막에서 사시네요. 사시는 것이 정말 힘드셨겠습니다."

그 중년 여인의 사주를 풀어본 이목영 원장이 한마디 위로의 말을 던지자 그녀는 봇물이 터지듯 서럽게 울면서 손수건을 적셨다.

"저를 찾아오시기 전에 부동산 중계 사무실에 들러 장사하시는 점포를 내놓고 오시는 길인가요?

이목영 원장 말에 깜짝 놀라며 한동안 신기한 듯 입을 다물지 못했다. 그리고 그녀가 물었다.

"글로 푸시는데 그런 게 다 나옵니까? 그런데 조금 전에 제가 사하라 사막에서 산다고 하셨는데, 저와 사막과는 무슨 관계가 있기에 그렇게 말씀하셨나요?"

그녀는 호기심이 가득한 얼굴로 되물었다.

"사주팔자는 우주 자연현상을 관찰하고 분석한 뒤에 판단하는 자연과학입니다. 그래서 부인이 태어날 때의 자연현상을 분석해 보니 사하라 사막 같습니다. 사막에서는 생명체가 살아가기가 어렵지요? 그래서 남편이 되는 사람은 시원한 오아시스를 찾아 다른 여자의 품으로 떠났을 것이고, 땅이 사막과 같으니 누구나 있어야 할 자식도 귀한 것입니다. 앞으로 혼자이거나 딸자식 하나 정도는 있을 수 있겠지만 신경을 많이 쓰고 길러야 됩니다."

그녀는 고개를 끄떡이며 재차 물어왔다.

"그래서 제가 물장사를 하나요?"

"그렇습니다. 사막에서는 무엇보다도 먼저 물이 있어야 생명체를 보존할 수 있으니까요"

"그렇다면 저는 늙어 죽을 때까지 이렇게 혼자 고생만 하고 살 팔자인가요?"

"걱정 마세요. 저를 만난 오늘 이 순간부터 새로운 운명이 시작되니 희망을 가지시고 힘차게 살아가십시오."

이목영 원장은 천하통일 생활용신 처방법을 하나하나 자세하게 일러 주었다. 내일부터 100일 동안 새벽기도를 할 것, 사주팔자와 이름이 모두 사막이니 물 기운이 감도는 상호를 지어서 꼭 사용할 것, 또 점포가 정리되면 최소한의 비용으로 가게를 운영하고 얼마가 남든 여러 사람과 어울려서 해안에 있는 섬 땅을 사둘 것, 그리고 앞으로도 돈이 조금이라도 모이면 자장면 한 그릇 가격의 땅 한 평이 나올 때마다 형편대로 사 모을 것, 또한 항상 검정색과 흰색의 옷을 입을 것이며, 평생 동안 해야 할 업종은 사람들에게 입히거나 먹이거나 잠을 재우는 것을 하늘로부터 소명받은 것이니 그중에서 한 가지만이라도 즐거운 마음으로 할 것 등이었다. 그런데 그 해 추석 명절 때 그 부인은 4명의 친정 형제와 함께 인사를 하러 왔다.

이런저런 덕담을 주고받다가 불쑥 그녀는 최근에 있었던 자기 형제 간의 관심사를 털어놓았다. 얼마 전에 이목영 원장님의 처방 법에 따라 서해안에 외진 섬인 영흥도 땅을 평당 1,000원씩 주고 4명의 형제가 함께 어울려 살았다는 것이다.

"그 땅이 정말 부자가 되게 해줄까요? 제가 보기에는 너무나 외진 섬인데요."

그녀는 호기심이 가득한 눈빛으로 이 원장을 빤히 바라보며 물었다.

"두고 보세요, 땅은 임자가 따로 있는 법. 천지개벽 같은 엄청난 일이 있을 거예요."

과연 서해안 영흥도는 최근 경기도 시흥시에서 육로로 대부도와 이어져 연결되었고, 그 천혜의 풍광을 찾아 서울시에서까지 투기꾼들이 연일 몰려들고 있는 것은 삼척동자도 알고 있는 것이 현실이다.

42. 한 남자와 생활용신 처방
- 5년간 이어질 액운, '외국행' 처방으로 행운시작

오래전의 일이다. 40대 중년의 남자가 이목영 원장을 찾아왔다. 첫 눈에 보기에도 이목구비가 잘생긴 꽤 괜찮은 남자였다. 그 남자는 유난히 하얀 피부를 가졌는데, 언뜻 보니 얼굴에 어두운 그늘이 드리워져 있었고 마치 기력이 쇠진한 70대 노인의 모습이었다.

이 원장은 그 남자의 사주팔자 및 대운의 흐름, 그리고 이름을 자세하게 풀어 보고 나서 말했다.

"주색잡기를 너무 좋아하시는데, 일단 3분의 1로 줄이세요."

"뭔가 재미있는 일이 있어야지요. 요즘은 아예 인생을 포기하고 싶습니다."

"외국을 몇 년간 다녀오십시오. 그때부터 살맛 나는 인생이 기다리고 있을 거예요."

그러자 그는 신기하듯 이 원장을 한참이나 쳐다보더니 말했다.

"그렇지 않아도 마지막으로 외국에 나가서 돈이나 벌어보려고 수속을 밟고 있는 중인데 외국을 나가는 것이 정말 좋겠습니까?"

그는 새삼스럽게 반문한다.

"선생께서 이 기회를 놓치면 지난 15년간 죽지 못해 살아온 세월이 물거품이 돼요. 뿐만 아니라 이 좋은 세상을 하직하게 될지도 모르니 외국을 다녀오는 것이 최고로 행복할 수 있는 방책이 되네요."

이 원장이 본 이 남자의 사주는 앞으로 5년 동안 관재구설로 형무소에 가 있거나 술, 또는 마약중독으로 병원에서 사회와 격리돼 지낼 운세였다. 그러니 자유가 없는 몸이 될 바에야 차라리 유배 생활을 하듯 낯선 외국에 나가서 활동을 하면 외화를 벌어들이면서 고질적인 주색잡기도 고치고 견문도 넓히는 일석삼조의 생활용신 처방이 될 것으로 판단됐다.

"목재소에서 사용하는 녹슨 둥근 톱을 하나 사세요. 그리고 번쩍번쩍 빛이 나게 잘 갈아서 나무를 잘 자를 수 있게 톱날을 세우세요. 그 다음 잠을 잘 때는 요 밑에 두고 잠을 청하세요. 이러한 방법을 어디에 가서나 항상 생활화하세요. 그러면 외국에 나가서도 고생하지 않고 위장병과 기관지와 연관된 질병도 완쾌되며 정력도 본래대로 회복될 것입니다. 꼭 생활습관이 되도록 해보세요."

그 이후 그 남자는 우렁찬 목소리로 가끔 전화로 안부를 묻기 시작하더니 이제는 1년에 한 번씩 휴가 때마다 귀국해 아내와 함께 인사를 오곤 한다.

43. 똑같은 사주팔자… 해법은 천양지차
- 의사가 될 명을 타고난 아들

30년 전부터 일 년에 3~4번 정도, 4984 작명 전문 연구원 대표 이목영 원장과 상담하러 오는 사람들이 있는데, 그 중에 한 사람인 유명한 치과의사의 이야기다.

그는 작년에도 예외 없이 12월경에 이목영 원장을 찾아와 상담을 청했다.

오래된 서류철을 뒤져 그 유명한 치과의사의 사주팔자를 뽑아낸 이목영 원장이 상담에서 첫 일성을 터트렸다.

"올해는 작년에 겪은 불명예를 다소 회복하며, 자식으로 인해 큰 명예를 얻는 아주 큰 경사스런 일이 생길 좋은 운입니다. 축하드립니다."

순간 그 치과의사의 안색이 순간 환하게 밝아졌다. 그때서야 그는 속내를 털어내 보였다. 아들이 작년에 치른 수능시험 점수가 기대치보다 너무 낮아서 올해 다시 시험을 치렀는데 지난해보다 약 30~40점이 높아져서 한결 마음이 가볍고, 다행스럽게 아들도 만족하는 태도를 보여 한시름 놓아도 될 것 같다는 이야기였다.

그러면서 그 치과의사는 은근하게 물었다.

"제 아들이 의과대학이나 한의학과 대학에 가고 싶어 하는데 그쪽 방면으로 진학하면 될까요?"

이목영 원장이 그 아들의 생년월일시와 이름을 면밀히 풀어보고 살펴보았다.

그 결과 사주팔자가 부친의 천직을 이을 수 있는 명조였으며, 앞으로 10년간 진리탐구를 해야 할 대운으로 흘러가고 있으니 외국유학을 하고 돌아와야 한다고 상담해 주었다.

이목영 원장이 약 35년 동안 경험한 바에 의하면, 의사가 되는 사주 팔자는 첫 번째 기본조건이 교육자로서의 사주를 우선 타고나야 하고, 두 번째로는 사람의 마음과 영혼을 편안하게 하는 종교지도자와 같은 감화력이 있는 별들의 기운이 함께 조화를 이루고 있어야 하고, 세 번째로는 생사여탈권을 갖는 천라지망살이나 백호대살 및 괴강살 이 있으면서도 신왕한 사주 천간에는 가능한 한 비견 겁재의 별이 강하게 투출하여 빛나고 있어야만, 정확하게 사람의 생명을 살리는 활인 업에 종사하게 되는 것이다.

특히 공부하는 학생들의 사주팔자를 볼 때는 꼭 부모의 사주팔자를 보아야만 거울처럼 투명하게 보인다.

이목영 원장이 약 35년 동안 통계를 내고 분석한 바에 의하면, 1971 년 이후 출생한 사람들부터는 똑같은 사주팔자를 타고 난 사람이 약 70명이나 되기 때문이다. 그래서 본 당사자의 사주팔자는 물론이거니와, 그 70명 중에 쌍생아가 있다고 할지라도 이름들이 각각 다르고 부모님들의 이름과 생년월일시가 각기 다르기 때문에 분석이 정확해지는 것이다.

사람은 태어날 때 각기 사람마다 다른 자기만의 고유의 별 에너지를 받고 출생하기 때문에, 그 특유의 별의 파장과 항상 교감하고 있다. 그 필연성 때문에 방문하는 날도 일 년이 365일인데도 불구하고, 그 많은 날과 시간이 있는데도 왜 하필이면 각기 다른 날짜와 시간에 상담하러 오는가에 따라서 통변법의 해법이 천양지차로 다르게 되는 것이다.

이러한 분석적인 상담을 하는 이유는 옛 고전에서 많이 찾아볼 수가 있는데, 예를 들면 주역에 이르기를 "똑같은 괘의 상(사주팔자의 명)이라고 하여도 대인은 대길이요. 소인은 대흉."이라고 하였던 것이다.

이목영 원장은 그 날부터 상담하러 온 치과의사의 아들이 사람의 생명을 다루는 활인업을 할 세 가지 조건을 모두 구비하였기 때문에 그분과 그 아들의 무한한 미래에 진심어린 축원을 올려주기 시작하였다.

44. 공장의 나사못 한 개까지도 정성 드린 고사가 공장 파산 막았다

어느 날인가 어두운 그림자가 드리워져 있는 40대 후반의 남자가 4984 작명전문 연구원 이목영 원장을 만나러 왔다.

누군가 지인의 소개로 온 그 남자의 사주와 대운이 어느 곳으로 어떻게 흘러가는지 세밀히 보면서, 이름의 구성요건을 찬찬히 함께 살펴보고 난 이 원장이 은연중에 혼잣말처럼 중얼거렸다.

"집에 들어가면 아내와 자녀들 때문에 신경을 많이 쓰고, 밖에 나오면 손아랫사람들이 속을 썩이며, 공장을 경영한다면 생산라인에서 불량품만 만들어놓으니… 안과 밖으로 모두 답답한 일들만 기다리고 있으니 참으로 딱 하구만."

"아니 그걸 어떻게 아시죠? 선생님 죽을 지경입니다. 차라리 미쳐버렸으면 좋겠습니다."

그 남자가 정색을 하며 이 원장에게 바짝 다가앉았다.

사연을 들어보니 사정이 여간 딱한 것이 아니었다. 그는 완제품을 만들어 해외로 수출은 물론 국내시장에도 납품하는 그리 크지는 않은 생산 공장을 운영하고 있었다.

지난해부터 종업원들이 사사건건 문제를 일으키는데다가 불량품까지 양산되어서 골치를 썩이고 있었다. 그래서 차라리 그럴 바에는 어렵더라도 은행에서 대출을 받아서 자동 생산라인 시스템을 구축하자

해서 구축했더니 이번에는 그 기계까지도 속을 썩인다는 것이다. 퇴근할 무렵에 자동으로 조정해 놓고 다음 날 출근해서 보면 약 70%가 불량품이 되어있다는 것이었다.

"그렇다면 간단하게 집 식구들하고 고사라도 정성껏 지내보실 것을 그랬습니다."

"선생님 말씀도 마십시오. 무슨 짓은 안 했겠습니까? 고사뿐만 아니라 없는 돈에 어렵사리 비싼 사채 빌려서 작은 굿도 두 군데서 해봤죠. 이제는 모든 것을 포기하고 싶습니다."

기나긴 사연을 자세하게 듣고 난 이 원장은 그 사람이 편안하고 본인이 쉽게 적용할 수 있는 생활 처방을 내려주기 위하여 35년 동안의 모든 경험과 지혜를 총동원하여 자세하게 일러주었다.

"제가 사장님의 지난해, 그리고 올해 운세를 면밀히 살펴본 결과를 놓고 말씀드리면, 조상님을 위한 정성을 드려야 할 것이고, 또한 공장의 자동기계를 설치한 곳에 수맥파와 그 밖에 부적절한 기운이 흐르는지를 자세하게 점검해봐야 해결될 것 같습니다."

그는 지푸라기라도 잡는 심정으로 이 원장에게 더 가까이 다가앉았다.

"그렇다면 제가 어떻게 준비하면 될까요?"

이 원장이 편안한 어조로 한마디 건넸다.

"공장에서 모든 가족들이 한마음 한뜻으로 정성껏 고사를 지내세요. 그러니까 공장과 연관된 모든 가족들과 공장에 있는 모든 것, 즉 연장이나 아주 작은 나사못들까지에도 그동안 알게 모르게 소홀하게 대한 것을 모두 사과하고 참회하는 마음으로 고사를 지내시면 21일 후부터 일이 잘 풀리기 시작할 것입니다."

며칠 후 퇴근시간에 공장의 수맥과 기타 부적절한 기류를 점검해보니 그 자동기계를 설치한 장소에 수맥파와 흉한 기운이 아주 강하게 나타났다. 그래서 가장 편안한 장소를 잡아주었고 고사도 정성껏 지냈다.

그 후부터는 그 공장에서 생산되는 제품에서 불량품이 없어졌다. 지금도 그 제품은 우리나라뿐만 아니라 전 세계 각국에서 소비자들의 사랑을 받으며 판매가 많이 되고 있다.

45. 직업은 하늘에서 내린 소명
- 100일 기도로 관직을 지킨 남자

　몇 년 전의 일이다. 37~38세쯤으로 되어 보이는 초췌한 모습의 남자가 이목영 원장을 찾아와 정중히 인사를 했다. 그는 같은 직장동료의 소개로 온 사람이었다.

　그 사람의 생년월일시와 이름을 풀어보던 이 원장이 단도직입적으로 툭 말을 던졌다.

　"관직에서 옷을 벗고 나오려고 하는 것 같은데, 그것은 명예롭지 못한 일로 자칫하면 운이 좋지 못하기 때문에 처벌도 받게 될 입장인 것 같네요."

　그러자 그는 "휴우!" 하고 천정이 내려앉을 듯 한숨을 내쉬며 답답한 심중을 털어놓았다.

　"사실은 별일도 아닌 쌍방 과실의 교통사고였는데, 상대방이 억울하다고 상부기관에 항소를 하는 바람에 당했습니다. 그 모든 잘못이 전적으로 저에게 있다는 거예요."

　"운이 나쁠 때는 자장면 한 그릇만 대접받아도 억울하게 벌을 받을 때가 있는데, 그게 바로 지금과 같은 경우이네요."

　"선생님 억울합니다. 저는 정말 결백합니다. 저요! 지금까지 공직에 있으면서 부정한 돈은 한 푼도 받지 않았습니다. 이것은 하늘이 알고 땅이 아는 일입니다."

"하늘의 뜻이 그러하거늘 무슨 방법이 있겠습니까? 사람이 한평생을 살다보면 자신의 뜻과는 아무런 관계가 없이 나쁜 쪽으로 일이 전개될 때가 간혹 있습니다. 그럴 때는 무조건 그동안 살아오면서 알게 모르게 지은 모든 잘못된 일들을 신불과 조상님에게 참회하는 정성스런 100일 기도가 큰 영험이 있습니다."

"제 아이들 엄마가 교회를 열심히 다닙니다. 저로서는 쉽지 않은 방법 같은데요."

"쉽지는 않겠지요. 저도 외국인 선교사님이 건립하신 중·고등학교를 선생님들의 극진한 사랑을 6년 동안 받으면서 다녔기 때문에 쉽지는 않을 것이라고 생각됩니다."

"그렇다면 어떻게 하시라는 것인지요?"

"우리들의 옛 선조들께서는 어렵고 힘들 때마다 항상 높은 산에 올라가서 모든 마을 사람들의 안녕을 위해 하늘에 정성을 올렸고, 개별적으로는 오늘날의 제단으로 볼 수 있는 장독대에서 깨끗하고 맑은 물로 목욕을 하고 자정인 0시에 물을 떠서 올려야만 감로수가 되기 때문에 이곳에서 몸을 낮추고 두 손을 모으고 비벼 가며 참회의 기도 즉, 정성을 드렸던 것입니다."

"최악의 경우에 제가 관직에서 나오게 되면, 그때 사업을 해보면 어떨까요?"

"안 됩니다. 사주에 관성이 투출하고 법을 집행하는 살들이 있으면서 대운의 흐름이 이것들을 뒷받침하고 있으면 단돈 1원을 봉급으로 받을지라도 법을 다루는 공직에 있어야지, 만일 일반적인 사업을 하게 되면 주변 사람들에게까지도 재물의 손해를 주게 되며 관재구설로 형무소를 내 집처럼 살아가게 됩니다. 고로 직업은 선택의 여지가 없는 하늘에서 내린 소명입니다."

그날부터 정성을 드린 지 21일이 지날 즈음이었다. 그가 환희에 찬 들뜬 목소리로 전화를 걸어왔다.

"선생님! 감사합니다. 정말 감사합니다."

내용인즉, 그렇게 노심초사하던 일이 잘 해결되었고 좋은 곳으로 발령까지 받았다는 것이다. 게다가 어머님이 도와주셔서 아파트도 더 좋은 곳으로 옮기게 되었다면서 그의 목소리는 한층 밝고 감격에 겨워 떨고 있었다.

46. 사주팔자와 결혼
- 사주 命 그대로 38세에 결혼한 딸

오래전의 일이다. 60대 중반쯤으로 보이는 할머니가 이목영 원장을 찾아와 딸의 평생 사주를 보아달라고 했다. 결혼 전인 자녀에 관한 것은 부모의 사주팔자와 본 당사자의 사주명을 함께 보아야 하므로 모두의 사주명과 이름을 풀어 놓은 이 원장이 짧게 한마디 건넨다.

"효녀는 틀림없이 효녀인데 정신적으로는 불효가 막심하네요."

이 원장이 이 말 한마디만 했을 뿐인데 할머니는 신기하다는 듯이 물었다.

"사주팔자를 글로 푸는데 그런 것도 나옵니까?"

"아마 맞선을 본 사람이 100명도 넘었겠네요."

"그래요. 이제는 지쳐서 시집을 가든지 말든지 포기하려고 해요. 지가 서른네 살 먹은 노처녀라는 생각은 조금도 하지 않고 콧대만 세우니 어떤 신랑감이 좋아하겠어요?"

푸념을 길게 늘어놓는 할머니에게 이목영 원장이 정중히 말했다.

"하늘이 부여한 생년월일시에 따라 사람마다 복분이 정해집니다. 또한 해야 할 일과 그에 따르는 의무와 권리가 주어지며, 사람마다 각각 성사되는 시기도 다릅니다. 그래서 따님은 일반적으로는 결혼할 시기가 지났다고 보지만, 따님에게 주어진 결혼 시기는 서른여덟이 되어야 좋은 사람과 인연이 닿아 결혼하게 됩니다. 또, 그래야만 행복하게 살

수가 있습니다."

이목영 원장이 차근차근 아주 쉽게 설명을 드렸는데도, 역시 할머니의 얼굴 모습에는 전혀 표정에 변화가 없었다. 이 원장은 우주에 관한 설명과 실제 경험하였고, 전에 있었던 비슷한 사례들을 총동원하여 마음이 편해지도록 달래기까지 했다. 그러자 할머니가 퉁명스럽게 물었다.

"시집을 갈 수는 있는 팔자인가요?"

"그냥 마음 편히 지내세요. 따님은 틀림없이 38세부터 새로운 인생이 시작되어 시댁에서 복덩어리 대접을 받고 살아가게 될 것입니다. 또 큰 부자 소리를 들으며 집세와 건물세를 받고 여유롭게 살게 될 것입니다."

그러자 할머니는 갑자기 자리에서 일어나 이목영 원장에게 절을 했다.

"아이고, 반가운 말씀이네요. 그렇다면 그 애가 시집을 갈 때까지만이라도 내가 살아야 할 터인데…."

할머니는 또 엉뚱한 걱정을 했다.

"하하. 걱정하시지 않아도 됩니다. 제가 모든 것을 종합적으로 살펴본 바에 의하면 최하 80세 이상 자손들 자랑하시면서 장수하시게 될 것입니다."

할머니는 거듭해서 고맙다는 인사를 하고, 또 하면서 되돌아가셨고 그 후로도 가끔씩 인사차 이 원장을 찾아 집안의 안부를 전해 왔다.

그러더니 그 딸이 정확하게 38세가 되던 해 1월 23일 12시에 결혼을 하게 됐다고 하면서 이 원장에게 청첩장을 전하러 다시 찾아왔다.

47. 칭찬이 최선의 처방
- 남편 칭찬으로 부부금실 좋아져

6년 전의 일이다. 귀티가 나는 중년부인이 이목영 원장을 찾아왔다.

"올해, 이달, 이 시점에서 재물도 사랑도 생명도 모두 버리고 가야 할 처지인데 더 이상 무엇을 말하고 이야기하겠습니까?"

이목영 원장은 그 부인이 방문한 날과 시간, 그리고 몸 전체에서 흐르고 있는 모든 것들과 관상 및 음색 등을 찰나적으로 분석해보면서 부부의 사주와 이름들을 면밀히 살펴보고 첫 일성을 던지자 그 부인은 금방 눈물이 그렁그렁 해졌다.

"제 말이 듣기가 불편하시겠지만 지금은 생사 간에 이별할 수에 와 있습니다. 아무쪼록 근신하시며 조심하시고, 또 조심하세요. 제 앞에 부인이 계시지만 살아있다는 것도 장담 못합니다."

기어코 그녀는 어깨를 들썩이며 구슬프게 울었다. 이 원장은 그녀의 입장을 여러모로 배려하면서도 판단한 모든 내용들에 대하여 좋은 대처 방법을 주기 위해 분석되어 있는 내용들을 그대로 상담해 줄 수밖에 없었다.

"약 15년 전부터 남편은 하는 일마다 모두가 실패의 연속이었을 것입니다."

그러자 흐느끼던 부인이 눈을 동그랗게 뜨면서 말했다.

"날마다 재수 없는 마누라 때문이라면서 제발 나가서 죽으라고 악담을 해대고, 항상 술에 빠져서 집안 살림을 부수고 온갖 패악을 다 부리니 이제는 더 이상 방법이 없어서 찾아왔습니다. 잘못되는 모든 일들을 마누라 탓으로 돌리니 이제는 정말 못 견디겠어요."

"부인의 남편은 천재입니다. 이 분과 말 상대를 하면 논리적으로는 이겨낼 사람이 없습니다. 너무 소심하고 어린아이처럼 순수하지요. 그래서 세상 사람들과는 타협이 안 되는 분입니다. 고독하게 시한폭탄을 가슴에 숨겨놓고 있는 사람인데, 올해는 세상을 끝장낼 마음을 먹고 있으니 큰일이네요."

"맞아요. 무슨 좋은 방책이 없을까요?"

"좋은 방법이 있다면 단 한 가지. 남편을 막내아들이라고 생각하면서 살아가는 것입니다. 생활에 필요한 금전적인 부담이나 그 어떤 무거운 책임을 주지 마시고 항상 용기를 주시고 칭찬만 하세요. 그렇게만 한다면 그 근본이 천사처럼 티 없이 깨끗하고 순수하기 때문에 성실근면하고 착한 사람으로 변모하니 이것이 최선의 처방이 되겠습니다."

"우리 남편이 평소에 순진하고 어린아이처럼 단순한 면은 있어요. 만일 원장님 말씀대로 해서 가정이 평안해지고 모든 것이 좋아진다면야 더 이상 무엇을 원하겠습니까. 어렵지 않을 것 같으니 그렇게 하겠습니다."

이 원장은 남편의 전생으로 보아 기초적인 의학 공부를 하면서 부부가 함께 할 수 있는 흑염소 집 같은, 약을 달여주는 건강원을 하면 모두가 평안해질 것이라고 말을 해주었다.

그 후 두 달이 지난 어느 날, 그 부인이 환하게 밝은 얼굴로 인사를 하러 왔다. 그 부인의 말인즉, 집 앞을 간단하게 개조하고 건강원을 시작했는데 남편이 너무 열심히 일을 해 마치 새로운 세상에서 사는 것 같다고 말했다.

48. 사주에 있는 남편의 폭력
- 폭행하는 남편이 천생연분이라니?

얼마 전의 일이다. 50대 중반이 약간 넘어 보이는 부인이 이목영 선생을 찾아왔다. 그녀는 남편과 자신의 생년월일시를 일러주고는 안절부절 하면서 두려운 눈빛을 감추지 못했다.

두 부부의 사주팔자와 이름을 그 날, 그 시각, 그 입장에서 세밀하게 보던 이목영 원장은 가슴이 아파오는 것을 참으면서 측은한 눈빛으로 그녀를 바라보았다.

"아주머니! 그 연세가 되도록 그런 고초를 당하시다니… 아직도 남편 되시는 분이 술이 좀 과하시면 살림을 부수고 부인께 마구 욕을 하면서 구타하는 행패를 부립니까?"

그러자 그동안 참았던 서러움이 치미는 듯 그녀는 어깨를 들먹이면서 오열했다. 한참 만에 그녀가 진정되자 이목영 원장은 그녀가 하고 싶은 말을 대신하였다.

"이젠 더 이상 못 참겠지요? 그래서 이혼하고 끝장낼 마음을 먹고 저를 찾아오셨지요?"

그랬더니 그녀는 멍한 얼굴로 있다가 바짝 가까이 다가앉으면서 신기한 듯 물었다.

"선생님. 그런 마음을 먹은 것도 글로 푸는데 다 나옵니까? 정말 신기하네요."

그때서야 그 부인은 지난 30년 세월을 남편과 살면서 겪었던 사연들을 영화 필름을 보여주듯 하소연하면서 털어놓았다. 그 내용을 들어 보니 백번 이혼하고도 남을 내용이었다.

오죽하면 그녀가 미칠 지경에 이르러 정신과 치료까지 받았겠는가?

그런데 이목영 원장의 결론은 엉뚱했다.

"두 분의 사주를 보니 전생에서부터 천생(우리 인간들과는 다른 차원의 시간대에서 존재하는 33천의 모든 자연세계에서 천 번을 함께 살고 또 함께 죽고 살았음을 뜻하는 말인데, 이것을 이해하려면 제도권에서 불교에 관한 연구와 노자와 장자의 사상을 참고하시길)을 함께 해온 인연이라 이혼을 하려고 해도 아무 소용이 없을 것 같네요. 설사 강제로 이혼을 하고 아주머니가 천 리 밖에 꽁꽁 숨어 계셔도 남편께서는 기어코 찾아내 더 심하게 폭행을 할 것입니다. 그러니까 제가 보기에는 이혼은 결코 명쾌한 해결 방법이 아닌 것 같네요."

"그렇다면 특별한 좋은 방법이 있는지요?"

그녀는 더 가까이 다가와 울상이 되어서 물었다.

"두 분 사주를 보니 집안에 물에 빠져 죽은 영혼이 둘이나 있네요. 한이 많아 저승을 못 가고 구천을 떠돌아다니는 남편 형제와 친정 아버님의 형제가 있는데, 이 불쌍하고 외롭고 고독한 영혼들을 어둡고 추우며 배고픈 곳에서 밝고 따뜻하며 행복한 세계로 편안하게 보내드리면 남편의 행패는 해결될 것 같네요."

이목영 원장은 그들 스스로가 할 수 있는 특수한 처방을 그녀에게 내려주었다.

마당을 청소할 때 사용하는 큰 빗자루를 장만해 두었다가 남편이 기분이 좋을 때만 10번 이상 때려달라고 하기를 100일 이상하면 지난

날의 지었던 업장이 소멸되는 방법을 일러주었다.

그 다음 해 정초에 그 부인이 남편과 함께 감사의 인사를 하러 왔는데, 그들 부부는 마치 새로 만난 사람들처럼 다정하고 행복해 보였다.

49. 사주팔자에 나타나는 건강
- 부적처방으로 되찾은 건강

지난해 11월 초에 있었던 일이다.

멀리 지방에 살고 있는 중년 부인이 이목영 원장을 찾아와 아들의 사주를 봐달라고 부탁했다.

그 부인의 얼굴을 포함하여 모든 아들의 사주팔자 및 이름 등을 면밀히 살펴본 이 원장의 첫마디가 이랬다.

"이 아드님은 건강이 너무나도 좋지가 못하네요. 평소에 걱정이 많으시겠습니다."

그랬더니 그녀가 반색을 하며 말했다.

"아이고 선생님. 바로 아들의 건강이 문제가 되어 찾아왔어요. 백방으로 약을 써도 별 효험이 없으니 큰 걱정입니다."

그래서 이목영 원장은 부모님들의 사주팔자를 풀어놓은 차트를 다시 살펴보니 역시 기문국이나 육임신과에서 모두 자손인 아들의 건강 문제가 심각하게 나타나 있었다.

이목영 원장은 무작정 아들 건강에만 노심초사하는 그녀가 딱해서 그 아들의 체질과 증세를 자세하게 말해주었다.

"아드님은 간(肝)과 담(膽)과 위(胃)와 대장(大腸)의 밸런스가 어그러져 있기 때문에 식사를 많이 못하고, 또 섭취한 음식물이 영양으로 흡수되지 못해서 설사로 배설되어 버리니 문제이군요. 키는 큰데 마른체형이라서 부모님께서는 많이 걱정이 되시겠네요."

그랬더니 그 부인은 입을 딱 벌렸다.

"아이고, 선생님! 어떻게 보지도 않고 그렇게 우리 아이의 증세를 알아맞힙니까?"

"아드님은 그런 이유로 원기가 부족해서 항상 팔다리와 허리는 물론이고 머리가 아프다고 호소할 것입니다. 그런데 아드님은 간(肝)과 담(膽)에서 파생되는 강력한 氣運(기운) 때문에 자아가 강하고 자존심이 높고 고집불통이라서 남의 말을 잘 안 듣는 성격의 소유자입니다. 또한 사주팔자가 의학계나 법조계로 출세할 사주명을 타고났기 때문에 더욱더 그렇습니다."

아들에 대한 덕담을 해주자, 중년부인은 이목영 원장의 손을 두 손으로 덥석 잡았다.

"딱 맞습니다."

맞장구를 치며 털어놓는 부인의 말은 이랬다. 아들은 의과대학에 다니는데 고집이 황소고집이라 아무도 말릴 사람이 없고 평소 자기의 주장이 너무나 강해 매사를 자기가 알아서 할 테니 일체 참견을 하지 말라고 한다는 것이다. 우선 건강을 되찾을 수 있는 처방을 원하기에 잠을 잘 때 깔고 덮는 노란색 요와 붉은색 이불을 만들어 그 안에 경면주사로 쓰고 그린 금강경탑다라니와 묘법연화경탑다라니를 넣어 사용하도록 일러 주었다.

그랬더니 한 달 후쯤 그 부인이 다시 찾아와서 감사하다는 인사를 했다.

"선생님 말씀대로 우리 아들이 정말 건강이 좋아지고 있습니다. 정말 고맙습니다. 원장님."

50. 흉몽과 정성스러운 제사
- 사별한 남편 혼에 밤마다 시달려

어느 날 40대 중반으로 보이는 부인이 이목영 원장을 찾아왔다. 사주팔자와 이름 및 손빈 선생의 비전 육임신과와 기문국을 풀어놓고 이 원장이 무겁게 말을 건넸다.

"밤에 흉한 꿈을 많이 꾸나 봅니다."

"네, 오늘 찾아온 것도 꿈 때문에 찾아왔습니다. 날이면 날마다 꾸는 흉한 꿈 때문에 고통스러워요."

"항상 머리가 무겁고, 아픈 곳이 분명치 않으면서도 수시로 몸 전체가 아프겠네요."

"무슨 방법이 있을까요? 선생님."

그녀는 안타까운 눈빛으로 이 원장을 쳐다보았다.

"태중 영가가 둘이나 있고, 또 남편이 흉한 일로 돌아가셨나 봐요?"

"네, 맞아요. 아이는 둘 지웠고, 남편은 몇 년 전에 교통사고로…."

"돌아가신 남편은 부인 옆을 떠나지 않으려고 하고, 태중 영가 둘은 업히고 안아달라고 성화를 부리니 온몸이 매 맞은 것처럼 아프실 거예요."

"그래서 아무 일도 할 수가 없고, 무슨 일을 하려고 해도 잘 되지가 않습니다."

이목영 원장은 한동안 흐느끼는 부인을 그윽한 눈길로 바라보았다.

"신점을 보러 가면 신내림 굿을 하라고 하지요?"

"아이고, 선생님. 맞습니다. 그걸 어떻게? 그러나 저는 그럴 수 없는 형편입니다."

"걱정하시지 않아도 되겠습니다."

그러자 어둡고 침울하던 부인의 눈빛이 밝아졌다.

"지금 곧 댁으로 가셔서 목욕재개 하시고 형편이 닿는 대로 남편을 위한 제사음식과 두 태중영가를 위한 음식, 과자 등을 정성껏 준비하셔서 내일 오전에 이곳으로 갖고 오세요."

그 부인은 다음 날 진실된 마음으로 정성껏 제사를 모셨고, 그날부터 100일 동안 기도를 올렸다. 정성을 올린 뒤에 이목영 원장은 그 부인에게 경면주사로 정성을 드린 지장경본원경을 내려주면서 보물보다 더 소중한 것이니 잘 간직하라고 당부하고 사용하는 법을 자세히 일러주었다.

"선생님 전 형편이 어려워서 사례금도 많이 못 올렸는데 이렇게 소중한 것을 그냥 받아가도 될까요?"

"하하, 괜찮습니다. 편안한 마음으로 받으세요. 부인께서 경제적으로 어려우신 것 같아서 부처님께 올릴 음식도 직접 장만하시라고 한 것 아닙니까? 과거에는 부처님께 올릴 모든 공양물들은 각자 개인의 형편껏 직접 장만해서 산 넘고 물 건너 부처님 모신 높은 산등성 절이 있는 곳까지 머리에 이고 가서 정성을 드렸기 때문에, 그 정성된 마음과 행동을 가리켜 '보살님'이라고 하는 말이 현재까지 전래되어 온 것입니다. 보살님."

그리고는 가끔 연락을 하더니 6개월 후 그 부인은 좋은 사람을 만나 재혼을 했고, 그때부터 자원봉사 하는 여러 곳과 이목영 원장이 이끄는 봉사 모임에서도 큰 역할을 하고 있다.

51. 수호신 노릇을 한
세 그루의 나무

　오래전 일이다. 48~49세 정도 되어 보이는 남성 한 분이 가깝지 않은 지방에서 이목영 원장을 찾아와 상담을 요청했다.

　이 원장은 큰 병원에서 종합적인 진료를 하듯 짧은 시간동안 전반적으로 분석하고 검토한 뒤에 판단을 내리는 특징이 있는데, 그 결과가 아마 답답하게 나온 듯 한숨을 쉬었다.

　"제가 지금까지 많은 사람들을 만나서 상담을 해왔습니다마는, 손님 같은 경우는 처음입니다."

　"제가 남들과 좀 다른가요?"

　도리어 의아한 표정을 지으면서 되묻는 소년 같은 메시지가 느껴지는 그분에게 이 원장이 답답한 듯 무겁게 입을 열었다.

　"제가 보기에 선생께서는 아직 결혼을 하시지 않았는데 그렇습니까?"

　"당연하지요. 이 나이가 되도록 결혼이라는 것을 해보지 못했으니까요."

　그분의 모든 명국과 이름 및 관상 등을 종합해 보아도 불교계의 스님도 될 수 없고, 천주교의 신부님의 명도 아니요, 개신교의 목자인 지도자 명도 아니며, 도교의 지도자도 아니요, 기공사나 차력사, 자연치유사 또는 원시종교의 특수한 지도자나 무속인으로서 중생제도를 할 명국도 아니었다. 그렇다면 세속에서 살아야 할 명운이기 때문에 이 원장은 그분을 그윽하게 바라보면서 밝고 희망찬 파장의 에너지와 함께 하늘의 메시지를 전달하였다.

"올해 늦가을에 장가를 드시겠네요."

그 손님은 멍하니 이 원장을 넋을 놓고 한참 쳐다보고 있다가 바싹 다가앉으면서

"정말입니까? 장가를 가기는 가게 됩니까?"

갑자기 환하게 밝은 얼굴이 되어 의아한 듯 반문하는 그분에게 정작 이 원장은 선문답처럼 엉뚱한 답을 했다.

"지난날에 있었던 일들을 잘 생각해 보세요. 선생의 나이만큼 오래된 나무 세 그루가 집 앞과 뒤, 옆에서 수호신 노릇을 해왔는데 아마도 13년 전부터 지난 3년 전까지 나무들을 베어 버렸을 터인데, 첫 번째 나무와 두 번째 나무들을 베어 버릴 때마다 두 부모님이 차례로 돌아가셨을 것이고, 마지막 남은 나무를 베었을 때는 부모님 같으신 형님이 돌아가셨을 것입니다."

신서인 '손자병법'의 저자 손빈 선생의 육임신과를 20년 이상 연구한 이 원장이 세 그루 나무의 실체에 대해서 예지하자 그는 깜짝 놀랐다.

"아, 정말 그렇군요. 지금 생각해보니 지난 세월 동안 너무나 살기 힘들어서 미친 사람처럼 살았습니다."

"만일에 선생께서 일찍 결혼해 아들딸 자식이 있는 상태에서 그 큰 나무들을 신·불(천지자연)님들의 허락 없이 마구잡이로 벌목하셨다면 선생께서 가장 소중하게 아끼는 선생을 포함해서 아내와 자식들을 모두 잃었을지도 모릅니다. 그런 면에서 보면 천만다행이로군요."

"아하! 정말 그렇군요. 지금 생각해보니 과연 그대로였네요."

"올 가을에는 꼭 장가를 가시고 앞날이 행복하시고자 한다면, 제가 말씀드리는 데로 집 주변에 손님 나이만 한 나무 세 그루를 심으세요. 후손들이 모두 크게 성공하도록 지켜줄 것입니다."

이 원장은 자식도 없고 정신병자처럼 평생을 우물쭈물 살다가 어느 날 갑자기 세상을 마감할지도 모를 그 분에게 평생토록 본인 스스로가 사주팔자를 보강하고 운명을 개척할 수 있는 몇 가지 처방을 내려줌과 동시에 이 원장만의 특수한 비법으로 아호를 지어 사용토록 하였다.

그리고는 12~13년 후 환갑을 맞이할 때쯤이면 인근에서 부자소리를 듣게 될 것이라면서 용기를 복돋아 주었다. 그 후 그분으로부터 전화로 고맙다는 인사를 가끔 해오더니, 환갑 때 초대를 받아 가보니 그 지역에서 지도급 인사들이 축하객으로 여러분 오신 것을 보고 역시 하늘(천지자연)과 신·불님들은 농자[1]에게는 결코 무심하지 않다는 것을 절감할 수 있었다.

---

1)   농자農者:모든 일에 있어서 농사를 짓듯, 성실하고 진실한 사람. 또는, 그와 같은 모든 행위와 사상을 포함한 모든 것을 총칭함.

52. 사주팔자와 직업
- 사업보다 직장 운이 더 좋은 남자

40대 후반의 중후하고 믿음직스러운 남자가 4984 작명전문 연구원, 이목영 원장을 찾아왔다.

어디서 본 듯한 낯익은 얼굴과 왠지 친근감이 드는 목소리를 감지한 이 원장이 불쑥 한마디 했다.

"관직에 있으면 꽤 높은 자리에 계실 것이고, 자영업을 하고 있다면 직책만 높을 뿐 전혀 수입을 창출하지 못하는 입장이신데?"

"맞습니다. 오늘 제가 선생님을 잘 찾아왔나 봅니다. 많이 망설였는데 이렇게 직접 만나 뵈니 마음이 아주 편해지는군요."

"찾아오신 손님의 복분이지요. 세상에는 공짜가 하나도 없는 법이죠. 대부분의 사람들은 자기 자신이 똑똑해서 성공하고 잘 산다고들 생각하고 있지만, 그 능력에는 어디까지나 한계가 있는 법이지요. 결론적으로 보면 모든 것의 귀일점은 결국 신불께(천지자연의 우주법칙) 귀착되고 말지요. 그래서 최고의 의학자나 과학자들은 오히려 신불님께 모든 결과를 맡기고 있는 것입니다. 그러므로 우리네 평범한 사람들은 항상 겸손해야지, 어쩌다 혹 자만하게 되면 큰 불행을 맛보게 되지요."

"저는 지금 제 인생의 진로 문제로 고민하고 있습니다. 앞으로의 저의 직업은 어떤 것이 좋을는지요?"

그의 모든 명국과 이름까지 풀어본 이 원장이 말했다.

"이 사주의 명국은 무역업이나 해운업에 인연이 있으니, 그쪽 분야에서 5~6년 정도 더 근무하시게 되면 '연봉을 받는 사장님'을 하는 사주팔자 명이니 정년퇴직을 할 때까지는 직장에서 열심히 근무하세요. 개인적으로 사업을 시작하면 십중팔구는 부도가 나고 주변 사람들에게도 큰 손해를 입히게 됩니다. 특히 동업을 꼭 하게 되는 명국인데, 동업은 아예 100번 하면 100번 모두 실패하게 됩니다. 제 말씀을 가슴 깊이 새겨 놓으세요."

"그렇지 않아도 저는 회사에서 그런 직책을 맡고 있습니다만, 지금 퇴직하고 개인적인 사업을 하려고 준비하고 있는 중인데요."

"스톱! 경거망동은 불행을 스스로 불러들이는 결과가 됩니다. 아무리 사업 환경과 조건이 좋다고 생각되더라도 당분간은 보류해 두세요. 지금 다니시는 회사에서 평소보다도 더 열심히 일하시면 내년부터 그 능력을 인정받아 빠른 속도로 영전되고 승진하게 될 것입니다."

그러면서 그분 스스로가 할 수 있는 몇 가지 특수한 처방을 우주의 이치와 함께 설명하면서 일러주었고, 시간이 날 때마다 외국어를 열심히 익혀두면 큰 도움이 될 것이라면서 가능하면 바다 한가운데 있는 섬이나 외국여행을 자주하면 할수록 더욱 더 좋은 일이 생길 것이라고 상담해주었다.

그리고 얼마 후 국제전화가 걸려 왔는데 바로 그 사람이었다.

지금 일본에서 재미있게 근무하고 있다면서 요새 같으면 살맛이 난다고 감사의 인사를 전해왔다.

53. 108배와 생사(生死)
- 불공 올린 후 남편 살린 노부인

　지금으로부터 약 26년 전의 일이다. 환갑쯤 되어 보이는 부인 한 분이 이목영 원장을 찾아왔다.

　그 부인의 남편과 그 분의 모든 격식의 사주 명국과 대운의 흐름과 이름 등을 여러모로 꼼꼼하게 풀어본 이 원장은 목이 메이는 듯 답답한 어조로 말했다.

　"지금의 운세가 두 분에게는 생사 간에 이별하는 수로 보이네요."

　그러자 부인은 눈물을 주르르 흘리면서 한동안 어깨를 들먹이더니 간절한 어조로 말하면서 묻는다.

　"그렇게 될 것 같습니다. 어떻게 비껴가는 방법은 없을까요?"

　"사람이 죽고 사는 문제는 하늘이 결정하는 일이지 사람이 어떻게 의도적으로 할 수 있는 일은 아닙니다. 다만, 우리 인간들은 하늘이 감동할 수 있도록 목숨까지도 내놓는 만큼의 정성을 하늘님과 조상님께 100일 동안 올리고 난 후에, 하늘이 내리시는 결과에 순응하는 겸허한 자세로 수평적인 땅의 12 숫자와 수직적인 하늘의 숫자 9를 곱한 숫자만큼인 최하 108번을 온몸을 낮추는 자세로 오체투지의 절을 하면서, 그동안 살아오면서 이 우주 만물 모든 것들에게 알게 모르게 지은 모든 잘못을 참회하면서 정성된 공양을 올리면 하늘이 감동을 한다고 하여 예부터 그런 방법이 전래되어 오고 있으니 그렇게 해보시지요."

"병원에서는 더 이상 방법이 없으니 당장 영감님을 모시고 퇴원하라고 하는데 그래도 괜찮을까요?"

"오죽하면 병원 측에서 그렇게 하겠습니까. 우선 내일 아침에 모든 가족들이 한마음 한 뜻으로 일심동체가 되어 지극한 마음으로 제가 있는 곳에 오셔서 참회의 기도를 올리시면 어떨까요?"

다음날 노부인의 모든 일가친척들이 이목영 원장 자신이 매일 영혼과 몸을 맑고 깨끗하게 하는 여래정사 도장에 와서 하나 된 마음으로 하늘님과 조상님들께 목숨까지도 모두 바치는 마음으로 정성을 올리면서, 그 노부부와 연관된 양쪽 가문의 모든 조상 대대 친족 및 연족과 그 외의 형제, 동자 영혼 및 태중 영혼, 유산된 영혼 등, 일체의 연관된 모든 영혼들 중에 특히 구천을 외롭게 떠돌아다니며 어둡고 추우며 배가 고픈 영혼들이 그곳에서 벗어나, 밝고 따뜻하며 행복한 세상으로 편안하게 가시도록 정성껏 특별히 제사를 지내 주었다.

3일 후 그 노부인이 이목영 원장이 있는 도장에 들어서서 108배를 정성스럽게 하고 난 뒤에 이 원장에게 와서 큰 절을 올리면서 감사의 말을 했다.

"원장님! 정말 감사합니다. 우리 영감님이 오늘 아침 스스로 대소변을 보시기 시작했습니다."

그리고 며칠 뒤에 이목영 원장 특유의 정성된 처방을 그 분에게 드리면서 사용법을 가르쳐 드렸는데, 오늘까지도 그 노부인의 남편은 그 처방을 넣은 이불을 덮고 주무신다고 한다.

54. 가정의 평안을 위한 묘책
- 아들 걱정 해결한 세 가지 묘책

어느 날 아침 33세에서 35세쯤으로 보이는 한 여인이 이목영 원장을 찾아왔다. 마침 매일 인연되었던 모든 분들을 위해 신불과 조상님들에게 정성을 드리는 시간이어서 함께 기도를 하고 난 뒤에 상담실에서 마주 앉았다.

"자녀 문제로 걱정이 많으신 것 같네요."

차를 권하며 혼잣말처럼 말했는데 그녀가 반색을 했다.

"선생님! 맞아요. 우리 아이 문제 때문에 왔어요. 자세하게 봐주세요."

그녀는 자신과 남편 및 아이의 생년월일과 이름 등을 메모해주고 바짝 다가앉았다.

가족들의 사주를 풀어보니 남편은 배를 타고 사방팔방을 분주하게 돌아다니는 마도로스였고, 그 부인은 깊어가는 겨울밤에 혼자 외롭게 달을 안고 잠을 자야만 하는 사주팔자를 타고났다. 또 문제의 자녀는 사내아이로 귀신이 쉽게 붙을 수 있는 귀문관살과 넘어지고 다쳐서 육체가 불구가 될 수도 있을 급각살과 단교관살이 있었으며, 그의 부모를 생사이별로 갈라놓으며 불행하게 하는 흉한 이름으로 구성되어 있었다.

이 원장은 우선 남편의 사주에 대하여 자세하게 설명을 해주었다.

"남편에게는 항상 많은 여자들이 따릅니다. 밖에 나가면 인기가 있고 나중 생각은 안하고 돈만 있으면 마치 물을 펑펑 쓰는 듯 하는 기분파로서 멋쟁이요, 술과 여자, 그리고 잡기를 좋아하니 6달 만에 한 번 집에 들어올 때는 돈 한 푼 없는 빈털터리가 되어 있으니 아내는 바가지를 긁게 되고, 남편은 잔소리가 듣기 싫어서 다시 밖으로 나가는 악순환이 반복되고 있군요. 이럴 경우에 어떤 아내인들 남편을 미워하며 원망하지 않겠습니까?"

그러자 설움이 복받치는 듯 한참이나 울었다.

"그러나 문제가 분명하면 답은 정확한 법입니다. 지금부터 제가 방법을 일러줄 테니 꼭 실천해 봐요."

그녀는 흐느끼던 울음을 그치고 귀를 기울였다.

이 원장은 몇 가지 묘책을 알려주었다. 우선 본인이 할 수 있는 일로서는 자녀가 자주 다치고 잔병을 앓는 이유는 남편을 향한 불만과 불편한 마음의 파장이 자녀의 옷을 손뜨개를 하는 과정에서 한 올 한 올, 한 코씩 뜰 때마다 그 옷 속에 스며들기 때문이므로, 정말로 하나밖에 없는 내 아이를 사랑한다면 아무리 남편이 밉더라도 지금 이 순간부터는 잔소리하지 말고, 다른 어느 곳보다도 더 가정이 제일 편하다고 느낄 수 있도록 해주라고 일러 주었다.

그리고 어느 절이든 마음이 닿는 가까운 곳에 가서 정성을 다하여 업장(원죄)을 녹이는, 지금까지 살아오면서 알게 모르게 지은 잘못된 모든 것에 대한 참회의 108배 절을 마친 다음, 뒤를 이어 남편을 향한 마음으로 세 번 절을 하면서 '제가 당신에게 불편하게 해드린 지난날의 모든 잘못된 것들을 사과드립니다.'라고 참회하도록 일러주었다.

다음으로는 세 사람의 사주와 이름에서 파생되는 흉한 파장 에너지인 살을 좋은 파장으로 조성하여 부모와 자녀가 모두 행복하게 지낼 수 있도록 그 문제의 자녀 이름을 약 7일 동안 기도하면서 개명해 주었다.

그 후 그 부인이 다시 아들을 데리고 인사를 하러 왔는데, 그 얼굴이 그렇게 편하고 맑을 수가 없었다. 부처님과 모든 불보살님(천사님)들의 자비의 광명이 그녀와 함께 하시고 있는 것을 역력히 느낄 수 있었다.

55. 진정한 마음으로 참회 땐 소원성취
- 남편 축원 기도 후 빙의(憑依) 벗어나

　　몇 년 전, 음력 7월 15일 오전 9시에 이묵영 원장이 매일 정성을 올리는 여래정사도장에서 갈 곳을 잃어 어둡고 추우며 배고프게 떠돌아다니는, 머물 곳 없는 외롭고 불쌍한 모든 영혼 들을 밝고 따뜻하며 편안한 곳으로 보내드리는 백중천도(우란분절) 제사를 올리려고 준비하고 있을 때였다. 이 원장과는 평소 친근하게 지내고 있는 남편 중 한 분의 부인이 숨이 턱에 차도록 달려와서는 이 원장을 황급히 찾았다.

　　그의 가정은 독실한 천주교 집안이었으며, 그 남편의 형님은 한의원을 하시다가 오래전에 돌아가셨기 때문에 그 부인의 남편이 그 가업을 이어 받아 한의원을 운영하고 있었다. 그런데 하필이면 우리 민족 고유의 명절 중 하나인 백중천도 행사 시작 1시간 전에 홍두깨식으로 찾아왔으니 난감한 일이었다. 그녀는 이 원장을 보자마자 다짜고짜 말해버렸다.

　　"아이고, 우리 영감님 좀 살려주세요."

　　이 원장은 가까스로 그녀의 흥분을 가라앉히고 그 남편의 사주팔자와 그 부인의 사주를 객관적인 입장에서 꼼꼼하게 살펴보았다.

　　"동북쪽 방향으로 문상하러 갔던 일이 있나요? 그 일로 상문이 들어왔네요"

　　"네, 아주 가까운 집안의 일이었지요."

"그 상갓집에 불행하게 죽은 영혼과 오래전에 한이 맺혀 돌아가신 형님의 영혼 때문에 그렇게 됐네요."

이목영 원장은 그 부인의 마음이 편안하도록 간단하게 말했다.

"오늘은 우리 민족의 뜻깊은 민속명절로서 옛날에는 일 년 중 처음으로 수확한 오곡과 백 가지 과실을 산에서 신선으로 계셨던 단군 할아버님께(초대 단군 할아버지를 뜻하며, 초대 단군님은 2대에게 모든 전권을 내려주면서 산에 올라가서 1천 805년을 신선으로 사셨다고 알려져 있으며 그 후 47대로 계승되었고, 47분의 단군님께서는 하늘에 제례를 올리는 제사장으로 제왕을 상징하였다. 또한 단군님은 최고의 조상님을 뜻하며 현재 통념적으로 알고 있는 산신각은 원래는 산신이나 호랑이만을 모시는 곳이 아니기 때문에, 지금도 오래전에 우리 선조님들이 지은 천 년 이상 된 고찰에는 반드시 산신각이 대웅전보다 높이 있는 것이다.) 정성껏 올리고 자신의 소원을 빌면 모두 성취가 되었다고 하는 날이며, 특히 단군 할아버지는 첫째로 처녀 총각의 혼인과 조상님들의 영혼을 편안한 곳으로 안내하기 위한 소원은 반드시 이루어지도록 해주셨다는 날로서 1천600년 전부터 불교에서도 모든 조상을 위한 천도제사를 올리는 날입니다."

잠시 그녀는 혼란스런 눈빛을 감추지 못했다.

"저는 어떻게 해야 하죠?"

"복잡하게 생각하지 마시고 천주교식으로 기도를 하세요. 불교의 108 염주와 천주교의 묵주의 숫자는 같은 목적과 의미를 갖고 있으며, 묵주에다 음양인 2를 곱하면 손바닥이나 손등은 모두 하나의 손을 뜻하는 것이니, 옆에 계시는 분들이 절하는데 함께 따라하시면 됩니다."

그녀가 편안한 마음으로 동참하도록 옆에 계시는 여러분들이 하나된 마음으로 하고 있는 행사가 끝날 즈음, 그녀의 집으로부터 반가운 전화가 걸려왔다.

"어머! 신기하게도 우리 영감이 조금 전에 물을 찾더니 정신이 드셨데요. 선생님 감사합니다. 정말 감사합니다."

그녀는 뒤도 돌아다보지 못하고 집으로 달려갔고 다음 날 들뜬 목소리로 전화를 걸어왔다.

"이 선생님 정말 고맙습니다. 이 은혜 두고두고 잊지 않을게요. 정말, 정말로 고맙습니다."

56. 이름 때문에 20살이 되어서도 기저귀를 하고 있는 아들

　오래전에 학교 교장선생님이 첫 손자가 태어나서 좋은 이름을 지으려고 연구원에 상담하러 오셨다.

　"전문가 선생님 앞에서 할 소리는 아닙니다만, 저도 평생 동안 많은 책을 읽었고, 지금도 항상 공부하고 있으며 일생동안 교직에 몸담고 있으면서 많은 제자들을 가르쳐 낸 사람입니다."

　"오늘 처음 뵙습니다만 그러신 분이라고 느끼고 있습니다만, 어떤 일로 방문해 주셨는지요?"

　"듣자하니 원장님께서는 우리나라 사람뿐만 아니라, 외국인의 이름까지 작명하고 이름의 운세까지도 풀어준다고 들어왔습니다만…."

　"그렇습니다. 그 밖에도 이름만 가지고도 위로는 조상 5대와 아래로는 후손 5대까지 볼 수도 있습니다만…."

　'과연 그러한 일이 있을 수 있을까?' 하는 의아하다는 표정이다.

　"이름이 그렇게 중요한지 새삼 알게 되어 감사드립니다. 여하튼 우리 첫 손자의 이름을 부탁드립니다."

　"우선 탄생한 아기의 조부모님의 성명 함자와 두 부모의 이름과 생년월일시, 그 외에 아기와 연관된 사람들의 이름들을 알고 계시는 대로 써 주시고 가시면 아기의 이름을 한 20개 정도 지어서 여러 각도에서 분석하고 연구한 뒤에 저의 마음에 드는 이름을 2~4개 정도 찬명

증에 직접 붓으로 써드립니다. 이름이 완성되는 기간은 빠르면 2일 정도가 걸리지만, 지어놓은 이름이 저의 마음에 흡족하지 않게 되면 늦게는 10~30일 이상도 더 걸릴 때도 있으니 그리 아시고 연락드리면 그때 찾아가시면 되겠습니다."

"이걸 어쩌나 이 자리에서 즉시 이름을 지어주시는 줄 알고 왔는데, 만일 지금 당장 이름이 나오지 않게 되면 과태료를 물게 될지도 모를 터인데…."

이 원장은 교장선생님의 긴박한 말씀을 들으면서 묵묵히 조부모님의 이름 및 아기 부모님의 생년월일시와 아기와 연관된 사람들의 이름을 자세히 풀어나가는 과정에서 잠시 동안 호흡을 고르는 듯하더니 목이 메어 답답하고 무거운 어조로 "선생님! 이 성명 3자는 막내 아드님 같은데, 생년월일시가 어떻게 되는지요?"

"맞습니다. 막내아들입니다만… 이름이 몹시 흉합니까?"

조금 전까지도 의기 등등하시던 그 교장선생님께서 눈물이 그렁그렁한 모습으로 이 원장 앞으로 바짝 다가와 하늘에 사죄하듯 책상에 머리를 숙이며 어깨를 들먹거리며 한동안 소리 없이 흐느끼는 것을 보고 있노라니 이 원장도 자식을 사랑하는 그 교장 선생님의 무조건적인 사랑에 감동하여 한참을 함께 울어버렸다. "제가 이름을 잘못 지어준 탓인 줄은 정말 몰랐습니다. 역시 선생님 같은 전문가에게 지었어야 했는데…."

"그렇습니다. 지금 아드님과 똑같은 사주로 태어난 청년이 가까운 곳에서 유명한 대학교에 다니고 있습니다. 제가 20년 전에 이름을 지어 주었는데, 올 초에 남들이 부러워하는 대학교에 입학했고, 중·고등학교를 장학생으로 학교를 졸업했습니다. 지금 연락해서 한 번 만나

보시겠습니까? 그 학생과 그 부모님들이 가끔 인사하러 옵니다만…"

교장선생님의 말씀을 들어보니 막내아들은 20살이 되었는데도 대사작용이 원활하지가 않아서, 5~6살 정도 된 아이 같으며 지금도 기저귀를 차고 있다는 것이었다.

그 분의 간절한 부탁을 받아들여 첫 손자 이름과 막내아들의 이름을 지을 때, 그분의 조상님들께서 부디 그들을 행복한 길로 안내해 주시도록 지극하게 정성을 올리면서 이름을 함께 지어 주었는데 21일이 지날 때쯤 사람을 보내 막내아들의 건강상태가 눈에 띄게 좋아지기 시작했다면서 감사하다는 뜻을 전하고 아들이 좋아진 상태를 보아달라며 자택으로 저녁 초대를 했다.

57. 사주팔자와 인생행로
- 청년은 재무담당 공무원이 적격인데?

어느 날 종교계 유명인사의 소개를 받아 상담하러 왔다며 겸손하게 인사를 하고 자기가 앞으로 가야 할 인생행로에 대해 상담을 하러 온 사람이 있었다.

20대 후반으로 보이는 청년이었다. 그 젊은이와 아내의 모든 명국과 이름을 자세히 보면서 그 젊은이의 모든 면모와 신체를 재빨리 둘러본 이 원장이 말없이 고개만 끄떡이고 있었다.

"선생님, 답답합니다. 어서 말씀 좀 해주시지요…."

"이 사주의 명국은 관청에서 사람들이 목숨처럼 소중하게 여기는 재산을 관리하는 직에서 근무하면 크게 성공할 사주팔자 명인데."

이 원장은 지나가는 말로 한마디 했더니, 그는 신기한 듯 넋이 나간 사람처럼 입을 벌리고 한동안을 쳐다보다가, 코앞까지 다가앉았다.

"원장님. 오늘 처음 뵙는데, 저의 직업에 대하여 알고 계시다니 놀랍습니다."

이 원장은 오래전부터 몸에 배기도 했지만, 60대인 이순이 되면서부터 가끔씩 엉뚱한 동문서답이나, 선문답 같은 대화형식을 즐겼다.

"이봐요! 젊은이, 일 년 365일 수많은 날들 중에 왜 하필이면 오늘 나를 찾아 상담하러 왔을까?"

"글쎄요? 그냥 오게 돼서 오는 것이 아닐는지요?"

"하! 하! 하! 이 세상에는 원인 없는 결과는 절대로 없는 법. 결코 기적이라는 것은 없으며 이 세상 모든 것에 대한 결과는 반드시 '필연적인 것'이라고 가슴에 새겨두면 장차 크게 성공하게 될 것이요."

"선생님, 저의 장래가 불확실합니다. 앞으로 살아나가야 할 길을 가르쳐 주세요."

"오늘 이 시간에 찾아온 것으로 미루어 보면 젊은이는 그 좋은 직장을 퇴직하고자 하는 마음 때문에 날 찾아온 것 같소만."

이 원장의 말이 다 끝나기도 전에 그는 넙죽 엎드려 큰절을 하면서

"선생님! 저 선생님께 가르침을 받아서 평생을 선생님과 같은 일을 하고 싶습니다."

"착각하지 마시오. 나중에 알게 될 것이지만 그대는 시민들의 재산과 그들을 위한 큰 일꾼이 될 소명을 하늘로부터 타고났으므로 하늘의 뜻을 배반하고 나와 같은 직업을 갖게 되면 하늘이 용서치 않을 것이요."

"저는 당장 내일이라도 퇴직하고 선생님한테 공부하고 싶은데요."

"젊은이, 지금껏 집에서 보던 모든 역학과 관련된 책을 불살라 버리던지 아니면 꽁꽁 묶어서 나에게 가져온 뒤에 그대로 직장에 다니면서 제도권에 있는 동양철학과 연관된 야간대학교를 다니는 것이 좋을 것 같네요."

"선생님이 뭐라고 하시던, 저는 선생님의 가르침을 받으려고 굳게 마음을 먹고 왔습니다."

"그렇다면 서로 약속을 합시다. 절대로 공직에서 정년까지 근무하기로 약속을 지킬 수 있다면, 내일 퇴근시간 이후부터 약 2년 정도 매일 함께 연구해보기로 합시다."

다음날부터 함께 토론하고 연구하기 시작했고 각 대학교에서 특강 요청이 있거나 각 기업체에서 강의 요청이 있으면 시간이 허락하는 한 함께 시간을 했다. 각 계에서 종사하는 모든 사람들의 통계치를 얻어 내는데도 함께 노력했다.

그 결과 일정 수준까지 공부가 깊어지던 날부터는 자신은 틀림없이 공직에서 시민들에게 봉사해야 할 사명을 타고났다는 것을 알게 되자 매사에 감사하기 시작했다. 그는 모든 일에 진취적이며 능동적으로 공명정대하게 처신함으로써 영전 승진을 거듭하더니, 오늘에 이르러서 많은 분들에게 존경을 받고 있다.

58. 제약회사에서 근무하는
연봉 사장감인데?

5, 6년 전 어느 날 한 30대 후반의 젊은 남자가 예약을 통해 이목영 원장을 찾아왔다. 기색과 모든 것은 좋아 보이는데, 눈동자는 긴장하고 있었으며 뭔가 편치 않아 보였다.

"긴장하지 않아도 됩니다. 그냥 편하게 저하고 차나 한 잔 하면서 일상적인 이야기나 잠시 나누시지요."

청년이 방문한 그 시점에서 골상, 관상 그리고 생년월일시와 이름 등을 자세히 살펴본 이 원장이 한마디 건넸다.

"젊은이가 알고 있는 바와 같이 토성일주에 토성이 왕한 것과 천라지망살 등 사주팔자를 전반적으로 검토해 보면 옛날부터 전래돼 온 동양의학으로 사람의 병을 고쳐주는 의료업을 하고 있는 원장님이시구만."

"예, 선생님!"

그 청년은 한동안 신기한 듯 우러러보다가 갑자기 고개를 숙이고 어깨를 약간 들먹이면서 눈물을 주먹으로 닦아냈다.

"너무, 너무 괴로워서 선생님께 의논을 드리고자 찾아왔습니다."

"잘 알고 있듯이 동양의학은 황제내경(黃帝內徑) 운기(運氣)편에서 가르쳐 주는 바와 같이 이 신서(神書)는 천문학을 기본으로 하여 천운(天運)인 5운과 지기(地氣)인 6기를 소우주인 인체에 대입한 하늘이 내

려주신 지고(至高)의 학문이기 때문에 선조님들께서는 易知然後에
$\underset{\text{역 지 연 후}}{}$ 에
의론(醫論)이라고 하셨으니 앞으로 더욱 더 깊이 있는 학문연구와 인
격도야에 혼신을 다 바친다면 반드시 크게 성공하게 될 것이요. 단,
청년은 본인의 노하우가 없이 사치스러운 의료 시설 장치와 너무나 많
은 인건비 및 운영비의 과다지출로 폐업을 하려고 하는데, 그것은 방
만한 경영방법의 결과라고 보이네만…"

"예, 틀림없이 그렇습니다. 제가 앞으로 어떻게 하면 좋을까요."

"나의 경험에 비추어보면 젊은이는 향후 20년 동안은 연봉을 받을
수 있는 길을 선택하는 것이 성공의 지름길이니 그렇게 해봐요"

"선생님! 이러한 모든 것을 정리하는 시간이 길게는 일 년 이상이 걸
릴지도 모릅니다. 그동안에 선생님께 개인적으로 가르침을 받으면서
정리해 나가는 방법은 어떠한지요?"

"그렇겠군요. 지금까지 투자한 거대한 시설 장비와 인원을 정리하려
면 아무래도 많은 시간이 걸리겠지요. 지금부터는 새롭게 마음의 준
비를 단단하게 해야 되므로 그러한 계획은 참으로 좋은 방법으로 판
단되어 집니다."

"내일부터 선생님께 가르침을 내려받고자 하오니 큰 절 받으시지요."

"하하하, 참으로 신묘하도다. 그것참. 젊은이에게는 2년 전부터 조상
할아버지가 그대에게 빙의되어 많은 가르침을 내려주시고 있는데, 그
할아버지께서 이제부터는 당신이 가셔야 할 편안한 곳을 정하고 싶으
신 모양이구만."

"예? 아! 예, 그 할아버지께서 도움도 많이 주셨지만, 가끔 현실적으로
는 정반대되는 쪽으로 가르침을 주셔서 헛갈릴 때도 많이 있었습니다."

"불만스런 말로 들리기는 하지만, 결론적으로 보면 젊은이가 가야

할 길을 정확하게 인도해 주신 것일세. 영혼의 세계와 우리 육체를 가진 인간세계와는 차원이 다르기 때문에 인도하는 방법이 다를 뿐이지. 나와 함께 공부하고 연구를 해보면 그 모든 것을 깨닫게 되어 그 할아버지를 편안한 곳으로 가서 지내시도록 천도할 수 있는 법도를 알게 되지."

그날 이후부터 그 젊은이와 함께 공부하고 연구하면서 그의 조상 할아버지를 스스로가 천도해 드릴 수 있을 때쯤에 그는 모든 것들을 정리하게 되었다.

그 후 그 젊은이는 국내 유명 제약회사에 입사하였는데, 그 능력을 인정받아 오늘날 5년 차 연봉을 받는 부사장으로 근무하고 있으며 요즈음도 한 달에 두어 번 인사를 와서는 곡차를 대접하면서 이 원장의 말을 경청하곤 한다.

59. 밤새도록 우는 아기
   밤에 편안하게 잠이 들게하는 비법

   작년 1월 쯤이었다. 그 날은 눈이 많이 내렸음으로 그동안 상담을 했던 모든 분들을 위해 이 원장의 도장에서 정성을 올리고 있는 중인데, 계속적으로 초인종을 울리는 사람이 있었다. 맞아들이니 55~56세 정도로 보이는 중년 여인이었다.

   "날씨가 궂은데 이렇게 일찍이 웬일로 오셨는지요?"

   "그것을 알아맞혀야지요. 아직 선무당이군요?"

   "네? 아! 네, 그런가요?"

   이 원장은 어이가 없어서 한동안 그 중년 부인을 바라보았다.

   "아이고 답답해 죽겠네요. 뭐라고 말씀 좀 하셔야지 속이 터져 못 살겠네요."

   "저를 찾아온 이유를 말씀해 주시지요, 그래야만 명쾌한 방법을 찾아드릴 것 같은데요."

   "말도 안 돼. 여하튼, 빨리 우리 손녀 사주팔자 좀 봐주세요."

   "손녀와 연관된 모든 사람들과 이름, 등을 정확하게 저에게 일러주시지요."

   "점을 보는 게 뭐가 이렇게 까다롭고 복잡하나요?"

   "저는 좀 그런 편입니다. 그러나 병원에 가서 종합진찰을 받는데 지금처럼 투정만 하신다면 결과가 과연 좋을 수 있을까요?"

그러자 잠시 후에 그 부인은 말뜻을 알아들었는지, 어정쩡한 상태에서 순간적으로 넙죽 엎드려 절을 하더니 한동안 어깨를 들먹였다.

"제발! 내 손녀와 딸 좀 살려주이소."

그 중년 부인이 울먹이면서 말하는 하소연을 들어본 바에 의하면 딸과 사위가 예쁜 첫 딸을 낳아 길렀는데, 그 아기가 일 년 365일이 지나도록 잠을 자야 할 밤 시간만 되면 그때부터 울기 시작해 다음 날 아침에야 기진맥진해 잠이 드니 모든 식구들이 더 이상 견디기가 어렵다는 것이다.

그러다 보니 직장을 다니는 아기 아빠는 더 이상 견디다 못해 얼마 전 밤에 화를 내면서 집을 나갔는데 지금은 어디서 무엇을 하고 있는지 연락이 되지 않는다는 것이었다.

이목영 원장은 방문한 할머니와 아기, 그리고 두 남녀의 생년월일 및 이름 등을 자세히 검토하고 분석해 보았다.

"이 세상에 태어난 아이는 최하 7살까지는 하늘과 직결돼 있어서 직감력이 높다고 합니다. 아기 입장에서 보면 엄마와 아빠는 언젠가는 자기를 버리고 야심한 밤에 몰래 떠나가 버릴 것 같은 위기감을 직감적으로 느끼고 있었기 때문에 밤이 새도록 울게 되었겠지요."

"그런데 선생님, 더욱 더 심각한 문제는 이 아기가 말을 못합니다."

"그 문제는 아기의 사주팔자에서 말하는 별인 병(丙)화와 그의 신체로 보는 록인 사(巳)화(火)가 이 아기에게는 혀와 말하는 기관을 뜻하는데, 그 별이 말을 못하게 3합과 6합으로 묶이면서 공망살과 겹치고 또, 소운까지도 6합으로 묶이면서 공망살로 변해 오행 중에 금과 수가 태왕하게 되어 화성을 집중적으로 공격하게 되니 말을 하고 싶어도 할 수 없어서 우는 것으로 표현을 대신하는 것입니다. 더군다나 엄마의 이름과 아기의 이름 및 사주팔자 모두가 서로 상충하고 있으니 언젠가는 개명을 해야만 좋아질 것 같네요. 지금 당장, 한의원이나 한약방에 가서서 매미껍질을 사다가 끓여서 식은 다음에 아기가 젖을 먹을 때에 함께 조금씩 먹이면 내일이면 즉시 효험을 보게 되니 빨리 시작하세요."

이목영 원장은 반신반의하는 그 중년 부인에게 옛날부터 우리의 선조들께서는 신과 같은 지혜로 우리 후손들에게 일상생활 속에 간장과 김장을 담그는 방법 등을 포함해 모든 것들에 대하여 지혜를 내려주셨는데, 지금 이 시간에도 우리들이 먹는 음식물들과 한의학에서 중요한 약재로 사용하고 있는 이 모든 것들이 최고로 좋은 특효약이라고 설명했다.

다음 날 아침 전화가 울려 받아보니 어제 아침에 찾아왔던 그 중년 여인의 음성이었다. 그녀는 기쁨에 들떠 앞뒤가 없이 당신이 하고 싶은 말만 하고는 전화를 끊었다.

"선생님! 감사합니다. 밤에 아기가 울지 않고 잠을 잤는데, 한 가지 걱정은 아침까지도 계속 잠을 자고 있어서 그것이 걱정됩니다. 여하튼 고맙습니다. 정말 감사합니다."

60. 미국 '메디슨'에서 걸려온 상담전화

지난 2003년 한 스포츠 신문에 역학칼럼을 게재할 때였다.

필자는 명쾌한 판단을 위해 지금도 양의 밝은 기운이 왕성하게 흐르는 오후 2시까지만 상담을 하고 음의 탁한 기운이 시작되는 그 이후 시간에는 책 읽기, 자료 모으기와 통계를 낸 것들을 분석하고 연구하면서 새벽까지 중요한 것들을 컴퓨터에 입력해 놓는 버릇이 있었다.

우리나라와 시차가 먼 나라들에서 늦은 밤에도 전화를 걸어와서 급한 사정을 하소연하는 사람들이 편안함을 얻도록 상담해주었다.

명절을 앞둔 어느 날 새벽 1시경에 걸려온 전화벨 소리가 이웃에게 피해를 줄까 싶어 급히 전화를 받아보니 48~50살 정도의 중년 여성인데, 발음이 어눌하면서 약간 우는 듯한 목소리였다.

"안녕하세요? 여기는 미국, 'Madison…'입니다. 저는 1952년 11월 29일 출생으로 이름은 ○○ 테일러구요, 남편은 1942년 양력 7월 8일 날 태어났으며 이름은 알리 테일러입니다."

그들의 사주팔자를 푸는 와중 긴장을 풀어주기 위해서 그 지역의 날씨와 일상적인 생활에 관한 이야기를 주고받으면서 고유의 직감력과 모든 분석력을 총동원해 키, 체중, 체형과 얼굴 형태 등을 감안해 종합한 결과의 첫 덕담을 전송했다.

"남편이 건장하고 잘생긴 미남이군요. 특수 기관에서 근무하는 지도자급으로 장교 또는 계급이 높은 경찰생활을 하다가 약 3~4년 전부터 자유롭게 움직일 수 없는 곳인 병원이나 그와 유사한 곳에 갇혀있는 운수네요."

"어머! 선생님. 네, 정말 그래요. 해군장교로 있다가 지금은 군 병원에서 입원치료를 받고 있는 중에요. 그런데 선생님은 제 남편을 보시지도 않고 어떻게 아시는 거죠?"

이 원장은 그녀가 뭐라고 하던, 좋은 처방 법을 하나라도 더 건네주고 싶어서 한 마디 더 해주었다.

"남편은 체질적으로 기관지가 약하게 태어났는데 그것을 예방하려면 우선 첫째 흰색 유니폼이나 검정색 옷을 오랫동안 입어야 했기 때문에 특수임무를 수행하는 군인 또는 경찰인 줄 알 수 있으며, 부부가 항상 떨어져 살아야만 좋을 수 있으니 부인은 아내이면서도 아마 병원에서 남편과 함께 있지 못하고 남편과 연관돼 있는 유사한 일로 바쁘실 겁니다."

"어머머! 신기하네, 그걸 또, 어떻게 아서요? 남편은 기관지 천식이 너무 심해져서 3년 전부터 군 병원에 입원하고 있는데. 지금은 산소 호흡기를 떼면 죽은 사람과 같지요. 또 저는 병원에서 의료진들이 입었던 유니폼과 침대 시트를 전문적으로 세탁하는 점포를 운영하고 있답니다. 항상 너무 바빠서 일이 끝나면 파김치가 되어 잠자기가 바쁘기 때문에 출근할 때나 잠시 남편을 보러 가곤 한답니다."

그런데 그녀는 오늘 아침 의사로부터 남편의 상태가 많이 안 좋다는 얘기를 전해 들었다며 전화기를 통해 울먹이고 있었다.

"사람이 죽고 사는 문제는 하늘만이 아는 일입니다. 다만 우리 인간들은 만반의 대비를 하면서 그 분이 편안하게 하늘나라로 갈 수 있도록 최선을 다해야 후회하지 않을 것입니다."

"선생님! 남편이 돌아가시더라도 편안한 마음으로 떠나갈 수 있도록 도와주세요. 꼭! 부탁드립니다."

간곡한 부탁이 있었던 날 그때부터 이 원장은 그들 부부를 위해 매일 정성을 올렸으며 남편에게 도라지와 더덕을 구해 삶은 물을 조금씩 드시게 하라고 일러주었다. 그 뒤 3주일이 지날 쯤부터 남편의 건강이 많이 좋아져 가고 있다면서 감사의 뜻을 편지에 담아 보내기 시작하더니 약 2년이 지나도록 계속했다.

61. 꽉 막힌 운세
- 따님은 무속인이 될 사주팔자가 아닙니다

1998년 2월 초 60대 할머니가 이목영 원장을 찾아왔다.

여러 상황을 검토한 결과 이 원장이 그분의 자녀들 중에서도 가장 운세가 좋지 못한 딸의 사주명과 이름을 가리키면서 말했다.

"이 딸 때문에 오신 것 같네요."

"네. 제일 큰딸인데, 여러 가지로 가장 답답하고 걱정이 돼서요."

"누구나 자식이 있는 부모들은 자녀들에 대한 걱정을 하며 살아가는 것은 당연하지요. 어허! 어쩌지. 이러면 가족들과 떨어져 살고 있는 운수인데."

"사주팔자에 그렇게 나오나 보죠?"

"따님은 착하고 어진 성품이며 모든 일을 시원시원하게 해결하므로 웬만한 남자들보다 통이 크고 마음 씀씀이가 아주 커서 누구나 다 좋아하지요. 그러나 너무나 자존심이 강해서 지금처럼 꽉 막힌 운세라면 약을 먹고 죽거나 아니면 정신병원에 있게 되어 가족들과 생사이별을 하게 됩니다."

그 순간까지 담차게 앉아있던 그 할머니가 한참을 엉엉 울어 버렸다.

답답했던 마음이 시원해졌을 무렵 그녀는 눈물을 손수건으로 대충 닦아내면서 하소연을 했다.

사위는 허황된 뜬구름만 따러 다니는 무능한 남편과 아버지로 일정한 직업이 없이 허송세월하면서 외상 술값을 갚으려고 가끔 막일을 했다.

아이들은 사춘기에 접어들어 집 밖으로만 겉돌면서 사고만 치고 다녔는데, 어느 날 딸이 말다툼을 한 끝에 준비해둔 극약을 먹고 잠자고 있는 것을 아이들이 발견해 병원 응급실로 데려가 해독을 해서 간신히 살려냈다. 그 뒤 미친 사람 같기에 큰딸을 데리고 무속인에게 점을 보러 갔더니 딸은 신을 받는 굿을 해야만 가정이 모두 평안해지고 친정 형제들도 두루두루 입신출세하며 만사형통한다고 하여 이자 돈을 빌려 내림굿을 하고, 또 신당을 차리는 일도 돈을 빌려 꾸몄지만 일 년이 지난 지금까지도 말문이 터지기는커녕 멍한 눈으로 살아가고 있는 딸이 불쌍해서 아는 사람의 소개로 찾아왔다는 것이었다.

"저는 40년 동안에 직업, 진로, 전공해야 할 학과 등에 관해 통계를 내고 분석한 과학적인 자료들을 많이 갖고 있는데, 따님은 무속인이 될 사주가 아닙니다. 다음 날 꼭 따님과 함께 오십시오. 따님에게 직접 귀중한 자료를 보여주면서 앞날에 대한 진로 문제와 직업, 그리고 생활처방까지 모두 안내해드리겠습니다."

다음 날 아침 산에서 막 내려와 도장의 문을 여는데 뒤에서 인기척이 있기에 돌아다보니 그 할머니와 큰 따님이 함께 밝은 얼굴로 인사를 해왔다.

이 원장은 직감적으로 "오늘부터 이분들의 가정은 두루 평안하고 행복할 때가 되기 시작하는구나." 하면서 그들을 반갑게 맞이했다.

그 후부터 그녀는 이 원장의 처방을 소중히 받아들여서 남편은 직장생활을 성실하게 하고 있으며, 자녀들은 대학교를 졸업하고 교편을 잡고 있다.

그녀는 짧은 10년 동안에 많은 부동산을 소유하게 됐는데, 최근에도 이 원장의 도장에서 우주에서 넘쳐흐르는 강력한 삶의 에너지와 교감하는 수련을 한 다음 그녀가 하고 있는 건설업과 연관된 사업적인 일에 대해서 상담한 뒤에 돌아간다.

62. 재래시장에서 돈놀이 하다가
도주, 이혼, 중풍까지 겪게 된 여자

　1997년 1월 초 안사람과 40여 년 간 절친하게 지내오고 있다는 고
향 친구가 이목영 원장을 찾아왔다. 그날 그녀는 새해 운세를 보러 왔
다고 했다.

　부부의 생년월일시 및 여러 가지를 종합해 판단한 결과를 이 원장
이 한 마디로 무겁게 건넸다.

　"새해에는 내실을 단단히 하는 쪽으로 경영하시는 것이 최선의 방책
입니다. 동산을 방만하게 움직여서 하시는 일은 무리수가 따르니 더
이상 크게 벌이고 확장하면 최악의 경우를 당하게 돼 관재구설이 발
동하며, 가족 및 친한 사람들과 생사이별을 할 수도 있게 됩니다. 오
늘부터 주변을 정리하고 정돈하시는 것이 가장 좋겠네요."

　그녀는 순간 고개를 왼쪽으로 갸우뚱하더니 시큰둥한 어투로 단호
하게 잘라서 말했다.

　"글쎄요? 지금 그럴 수가 없는데요! 상가의 모든 사람들이 매일매일
저축하신 적지 않은 돈을 현재 생산 공장을 잘 운영하고 있는 그 사
장님의 모든 부동산을 법적으로 저당잡고 모두 빌려주었기 때문에 전
혀 하자가 없으며, 오늘까지도 이자가 꼬박꼬박 들어오고 있기 때문
에 다른 방법은 생각조차도 해보지 않았거든요."

　이 원장은 다시 그녀의 얼굴을 보고 상담 차트를 또 보아도 역시 음

력 5, 6월에는 재물을 잃어버리고 7, 8월에는 관재구설 수가 겹치면서 앞으로 모든 가까운 사람들과 완전히 생사이별을 할 운세였다.

"제가 판단하는 바에 의하면 투자를 한 곳에다만 집중적으로 하는 것은 위험성이 높다고 봅니다. 합리적인 방법으로는 업종이 다른 최하 3곳 이상에 투자를 해야만 어떠한 경우가 닥치더라도 큰 손실을 예방할 수 있다고 봅니다. 여하튼 부인께 섭섭하게 들릴지는 몰라도 물건을 팔고 사는 상업과 현금을 투자해 이익을 얻는 업종은 전혀 다른 차원의 것이니 빠른 시일 안에 빌려준 돈을 회수하신 후 그 돈을 상가에서 지금까지 매일 적립하셨던 분들의 몫을 정산하시고 부인께서는 지금까지 해오시던 장사만 집중적으로 열심히 하시기만 하면 노후가 편안하게 보장될 것 같네요."

그날 그녀는 불쾌한 모습으로 되돌아갔다. 저녁에 집사람과 식사를 하면서 언젠가 그녀를 만나게 되면 올바른 판단을 하도록 조언을 해주라고 일러주었다. 그 이후 이 원장이 예견한 대로 공장을 운영하던 그 사람이 부도가 나버리자 그녀는 어디론가 잠적을 해버렸는데, 매일 일정 금액의 돈을 적립하던 상가 사람들과 고향 친구들이 적립했던 돈을 받아내기 위해서 알아낸 결과에 의하면, 그녀는 어느 날 갑자기 중풍으로 반신마비 증세가 와서 거동이 불편한 가운데 남편과는 이혼한 상태로 연락이 닿지 않는 곳에서 숨어서 지내고 있다는 것이었다.

그 후 2~3개월이 지나자 우리나라는 IMF를 맞이하게 됐고, 11년이 지난 지금도 욕심이 지나쳤던 그녀의 소식을 어쩌다 들어보면 수많은 친근한 사람들의 돈을 갚아야 할 그녀는 외롭게 세상과 단절하고 단칸방에서 지체불구자로 하루하루를 힘겹게 살아가고 있다고 한다.

63. 회사 돈 빼돌려 투기성 높은 것에 투자하다 패가망신

어느 날 상담을 마감하고, 절친하게 지내던 사람의 첫 손자 이름을 구상하기 위해서 잠시 휴식하고 있을 때였다.

50~52세 정도의 중후한 면모를 지닌 남자가 이 원장에게 상담하러 왔는데 멀리서 볼 땐 중후한 멋이 풍겨서 좋아 보였는데, 가까이 다가와서 인사를 할 땐 그 온몸에서 흐르는 파장, 즉 운기의 흐름이 몸 안으로만 흘러들어가고 있는 것을 감지할 수 있었다.

이러한 사람들은 대부분 마음의 문을 굳게 닫고 있는 기운이 온몸을 휘감고 있어 비밀과 의심이 많아서 객관적인 좋은 지혜나 아이디어를 받아들이지 못하기 때문에 편벽되고 아집이 강해, 대책 없는 일생을 살아가는 경우를 많이 경험했다.

"선생님! 이런 곳에 사람이 찾아왔으면 보자마자 뭐라고 한마디 해주시는 것 아닙니까? 속이 타고 열불이 나서 찾아왔습니다."

"손님을 위해서 드리는 말씀이니 섭섭하게 생각하지 마세요. 선생께서는 아직은 나와 상담할 때가 아닌 것 같으니, 다음에 만나는 것이 좋겠습니다만…."

"그렇다면 오늘은 제 사주를 봐 주시지 않겠다는 말씀입니까?"

"오늘은 처방법이 있더라도 지키시지 않게 될 것 같네요. 중요한 사항을 적어주시면 자세히 살펴보고 좋은 방편을 다음 날 만났을 때 말

쓸드리도록 하겠습니다."

똑같은 사주팔자의 주인공이라도 직장에서 근무하는 사람은 영전 승진하는 경사가 있는가 하면 똑같은 해에 자영업을 하는 사람들은 경영난으로 부도나고 폐업하며 관송사건에 휘말려 노년을 고통스럽게 보내는 사람도 많이 있기 때문에 이름을 지을 때 하듯, 종합적인 여러 가지 명국을 풀어 놓고서 공통분모를 찾아내어 최선의 해결책을 처방 으로 한다. 다음 날 오전에 그 부부의 사주팔자를 풀어보니 현금을 움직이는 일을 하면 직장 및 재물과 부인도 함께 잃어버리는 명조였으 며, 잘못되면 관액을 당할 염려도 있어서 전화로 모든 것을 빨리 정리 하되 미비한 점은 상사와 마음의 문을 열어 놓고 의논해 대비책을 강 구하라고 일러주었다.

옛날의 1시진은 오늘날 2시간인 120분이므로 이 원장은 120분을 다시 40분씩 나누어 환산하기 때문에 약 300만 종류의 사주팔자로 분석해내고 있는 중이다.

고명한 강호역술가들은 사주팔자 중에서 천간에 재성, 관성, 인성이 모두 투출하고 지지에 뿌리를 깊이 두고 있으면 최상의 명조로 보는 법이다.

상담하러 온 그분의 사주에는 재성이 지지에 많으면서 창고를 뜻하 는 별이 있었는데, 그 창고의 별과 그 당년 해의 별이 형, 충, 파함으로 금고를 강제로 깨고 여는 형상으로 판단됐고 직장을 뜻하는 관성은 미약한데 전년부터 2년 동안의 운수는 식신, 상관이란 별이 총동원돼 흉하게 그의 몸을 조명함으로 윗사람과 법을 무시하고 모험심과 요행 심이 발동해 공금의 일부까지 빼내 위험성이 높은 금융권에 투자했다 가 그만 깡통계좌가 됐던 것이었다.

그 후 30여 일이 지날 쯤 두 부부가 이 원장을 찾아와 인사하면서 목에 손을 가리키면서 하는 말이 다행히도 상사의 배려로 공금을 변제할 방법과 모든 일에 대한 지혜의 가르침을 받아 관액을 면하고 먼 지방으로 가서 근무하게 됐다면서 코가 땅에 닿도록 큰절을 했다.

직장에 근무하는 사람들 중에 간혹 현금을 무리하게 투기성 높은 금융권에 투자하는 사람들이 있는데, 잘못 판단하면 사돈의 팔촌까지도 패망하는 경우를 많이 보았으니 심사숙고해야 할 것 같다.

64. 개명 후 완쾌된 딸
- 5년간의 혈액암 투병 생활, 개명으로 끝내다

어느 날인가 이사회 회의가 있는 날이라 연구실에서 2시간 전에 나와서 전철을 타고 회의 장소까지 가는 도중에 지하철 안에서 가까이 와서 정중하게 인사를 하는 60대 초반의 두 내외 가 있었다.

"선생님 안녕하셨어요? 수빈이 엄마입니다."

"수빈이 엄마라?"

"기억이 나실지 모르겠지만, 그 전에 항운노조에서 중책을 맡고 있었던 ○○○씨와 그 안사람입니다."

"아…하! 그렇게 말씀하시니, 기억이 납니다만….."

"그동안 여러 가지로 가정에 복잡다단한 일들이 많다 보니 자주 인사를 못 드렸습니다."

이목영 원장은 낯선 길, 또는 먼 지방이나 외국에서도 가끔 이런 종류의 인사를 받곤 하는데, 너무나 오랜 시일이 지나서 기억이 아물아물할 때 인사를 받으므로 추억을 옛날로 잠시 되돌려야만 겨우 가물가물한 기억을 되살릴 수가 있곤 한다.

이 원장이 하는 일의 특성상 기적과 같은 엄청난 좋은 결과가 있어도, 그 당시에 감사의 인사를 받지 못하고 있는 편이다.

다만, 그들 자신의 공덕으로 '무소식=희소식'으로 통하므로 아예 지금은 경험적으로 그러려니 하면서 마음에 굳은살이 많이 박여 있는 상태다.

"그래 수빈이는 현재 잘 살고 있겠지요?"

"선생님께서 그때 그 아이의 이름에서 흉하고 나쁜 에너지인 기운이 많이 파생돼 나오기 때문에 시간이 흐를수록 면역성이 점점 더 감소되어 결론적으로는 알 수 없는 난치병으로 진단이 될 수도 있는데, 최하 혈액암과 같은 불치의 병으로 판명될 수 있으니, 새로이 이름을 지어주라고 해서 개명을 해주신 뒤부터 대학 병원에서 수술 후에 신통하게도 회복이 빨라서 혈액암이 5년 안에 완쾌됐으며, 그 뒤 수빈이가 결혼해 낳은 아기가 지금 3살이나 되었답니다."

"두 분께서는 지금까지 평생토록 천사님이나, 보살님(기독교적인 표현을 한다면 천사님 같은 행위를 하는 사람을 포함해 그러한 행위를 하는 우주자연의 모든 현상을 통칭하는데, 즉 '이해관계를 따지지 않고 생명과 사랑을 한순간도 쉼 없이 무한하게 공급해주는 고귀한 행위=보살행위'라고 한다. 고로 보살이란 신점을 치는 사람들이 아니다. 단, 불교의 사상은 남과 내가 동등한 하나로서 평등하므로 접신한 그들까지도 따뜻한 마음으로 감싸 안고 있는 점이 기독교적인 흑백논리로 보는 관점과는 많이 다르다. 예를 들어 술과 몸을 파는 여성들까지도 보살로 부를 수 있을 때가 있다. 불교는 특히 우리 민족의 사상과 자연스럽게 어우러지면서 우리들의 어머니처럼 모든 것을 포용하고 있다. 만약 우리들의 딸이 창녀라면 나의 딸이 아니라고 할 것인가? 우리는 그렇게 할 수가 없을 것이다.)처럼 어렵고 배가 고픈 수많은 사람들을 조건 없이 돕고 보살펴 주신 결과의 공덕으로 따님이 완쾌되신 겁니다. 앞으로도 절대로 생색내지 마시고 형편이 닿는 데로 그렇게 계속 아름답고 행복하게 살아가시길 축원드립니다."

그러고 나서 이목영 원장은 그 부부와 함께 우리들의 그림자처럼 언제, 어디서나 늘, 항상 함께 하시면서 새 생명과 사랑을 한순간도 쉼이 없이 무한히 베풀어 주시는 불보살님과 천사님들께 하늘을 우러러 감사의 기도를 올렸다.

65. 며느리는 악 삼재
아들은 조상님들이 문 앞에서 기다려

전철과 버스를 몇 번씩 갈아타고 이목영 원장을 찾는 70대 중반의 할머니가 어느 날 전화를 해 급히 상의할 일이 있다며 3시간 후 쯤에 도착할 예정이니 꼭 당신을 만나고 다른 일을 봤으면 한다며 금족령을 내리셨다. 평소 그 할머니는 무릎 관절이 안 좋아 몹시 고통스러워 하셨는데 그 날은 어찌 된 일인지 먼 길을 단숨에 찾아오셨다. 도착하신 그 할머니는 아직 숨도 고르지 못한 상태로 황급히 다가와서는 풀썩 방바닥에 앉으면서 천장이 내려앉을 듯한 한숨을 토해내었다.

"아이고 선생님! 나 좀 살려주세요."

"하늘이 무너져도 솟아날 구멍이 있다고 했으며 또 호랑이에게 물려가도 정신만 차리면 산다고 했습니다만. 그럴 정도는 아닐 것 같네요."

"아이고! 우리 아들 내외가 이혼한다고 매일 다투더니 어제 며느리는 집을 나가 연락이 없고, 아들은 새벽 2~3시나 돼야 집에 들어오며, 손자는 엄마를 찾으며 계속 울고 보채는데, 이게 지옥이지 사는 게 아닙니다."

"며느리는 올해 운세가 머무는 악삼재(三災)로 생사이별 수이며, 아드님의 운세는 조상이 문밖에서 같이 가자고 하니 정신 차릴 수가 없겠지요."

"여하튼 선생님이 무조건 어떠한 방법을 써서라도 절 살려 주시지 않으면. 나는 여기서 한발자국도 움직이지 않고 있다가 그대로 죽을 것이니 그런 줄 아세요."

할머니께서는 어린아이마냥 방바닥에 앉아 두 다리를 뻗고 엉엉 한참을 울었다.

역리학에서는 뱀, 닭, 소띠가 亥년은 드는 삼재, 子년은 머무는 삼재며, 丑년은 나가는 삼재라고 한다. 학리적으로 삼재를 인수분해하면 천재(天災) 인재(人災) 지재(地災)로 나누며 흉한 팔난(八難)이 생긴다는 것이 통념적인 견해이다.

그러나 이 원장의 통계·분석에 의하면 삼재가 든 사람 중에 25%는 3년 동안 악삼재로 흉한 팔난을 겪게 되므로 자기 자신을 포함해서 모든 것을 잃어버리는 운세가 된다. 또 다른 25%는 복(福)삼재, 또는 길(吉)삼재로 사업을 확장하거나 좋은 환경으로 이전하고 이사하거나 또는 결혼하거나, 영전 승진하고 고통스런 병이 완쾌되는 행운과 경사를 맛보기도 한다.

나머지 50%는 변동수가 많고 다사다난하기는 하나 그 길흉의 높낮이가 폭이 크지 않아서 길운(吉運)과 흉(凶)운이 함께 하는 평길한 운이 된다.

이 원장은 막무가내로 떼를 쓰는 할머니를 한동안 바라보고 있다가 기도실로 들어가 불보살님들과 하나 된 마음으로 기도를 하면서 정성을 다해 천운지기와 파장이 동조된 몇 장의 글과 그림을 써서 정중하게 할머니에게 드렸다.

"집에 도착하시면, 그때부터 응어리졌던 일들이 서서히 얼음이 녹듯 풀리기 시작할 겁니다."

"아이고 고맙습니다. 감사합니다. 아! 그런데 바쁜 마음에 빈손으로 왔으니 이를 어쩌나?"

"기도실에서 낮은 자세로 정성을 올리고 난 뒤에 아들과 며느리, 그리고 손자를 향한 마음으로 각각 따로따로 그동안 알게 모르게 섭섭하게 했던 모든 일들을 사과하시면 충분하니 그렇게 하시고 집에 가시면 좋은 일이 있을 겁니다."

그 뒤 3일째 되던 날 아침에 그 할머니가 이 원장에게 전화를 주셨다.

"감사합니다. 며느리가 친정에서 돌아왔습니다. 아들도 일찍이 귀가하기 시작했답니다. 고맙습니다."

66. 운과 사업
- 이 세상 모든 만물의 참주인은 '우주자연'

　오래전에 30대 초반 정도로 보이는 귀품이 있어 보이는 부부가 경상도 통영에서 이목영 원장을 찾아와 상담을 청했다.

　"지금 현재는 일정한 직업도 없이 하루하루를 겨우겨우 힘겹게 살아가고 있지만 저희 두 사람은 잘 살 수 있다고 확신하고 있습니다. 그러나 어느 쪽으로 인생방향을 설정해야 할지 몰라서 선생님을 찾아왔습니다."

　"두 분의 모든 것을 종합적으로 보고 판단한 바에 의하면 급식(給食) 공덕을 베푸는 명조로서 오성(五星) 중에 금성(金星)인 비린내가 나는 생선을 취급하되 생선회보다는 불을 사용해 끓이는 음식업을 하면 크게 성공할 것 같네요."

　"그렇지 않아도 우리 아이 아빠가 그런 곳에서 오랜 동안 일해서 경험이 많기 때문에 약간의 돈을 빌릴 수만 있게 된다면 자그마한 음식집을 시작하면 어떨까 하고 생각했습니다."

　"아! 그거 잘됐네요. 저의 견해로도 그러한 업종이 가장 좋을 것 같습니다."

　"잘 될지 걱정이 됩니다."

　"일반적으로 운이 좋다고 하면 누구나 잘되고 성공할 것이라고 알고 있지만, 정반대로 실패하는 사람들도 많이 있답니다. 운영하는 사람과 그 방법에 따라서 큰 차이가 납니다. 즉, 운이 좋다고 누구나 잘되는 것은 아닙니다. 운(運)이란 것은 기운(氣運)을 뜻합니다. 즉, 본인이 얼마나 긍정적이고 올바르며 적극적인 기세(氣勢)로 신명(神明)나게 하느냐, 아니면 그와 정반대인 소극적인 자세로 어쩔 수 없이 끌려가는 입장으로 행동하느냐에 따라서 180도 큰 차이가 있게 됩니다. 예를 들어 기운이 없는 사람은 말소리도 크게 할 수가 없습니다. 그 음성(音聲)이 다른 사람에게 전달이 되지 못하기 때문에 상호 간 혼(魂)의 교감이 이뤄지기가 쉽지 않습니다. 또, 지금 두 분은 우리나라 중심에서 보면 위도상으로 따듯한 동남쪽 지역인 통영에서 살고 계시다고 했습니다. 저는 그러한 지리적인 요건들과 형이상학적(形而上學的)인 면까지도 면밀하게 검토한 후에 종합적인 판단으로 상담을 합니다."

"선생님. 지금 저희들이 너무 경제적으로 어려워, 오늘 사례금을…" 하면서 말을 잇지 못했다.

"형편껏 하세요. 이 세상 모든 것의 참 주인은 우주자연입니다. 저의 이 한 몸도 하루하루 매일 잠시 잠깐 빌려 쓰고 있는 중이랍니다. 하물며, 저를 향하여 주시는 이 성스러운 금전도 제가 일부분의 주인이 되기도 하지만 우리들 주변에서 좋은 일을 하고 계시는 인연 닿는 분들과 또, 손님을 포함해 저와 인연돼 있는 모든 사람들의 것이니까 부담 갖지 마세요."

그 후 30여 일 지날 때쯤에 그들은 통영에서 개업식을 했고 그 날 똑같은 시각에 이 원장은 도장에서 그들의 사업이 반드시 나날이 발전되고 번영돼 가기를 몸을 낮추어 두 손 모아 하늘에 정성껏 예(禮)를 올렸다.

지금까지 이목영 원장과 인연의 끈을 꼭 잡고 있는 이들 부부는 그

날 이후 시부모를 더욱 더 효성스럽게 모시면서 아들과 딸을 낳아 건강하게 양육하고 있으며 지금 경제적으로도 많이 윤택해져 가고 있고 오늘까지도 한 달에 한 번씩 합당한 감사의 표시를 해오고 있다.

67. 희망찬 미래 청사진
- 현실처럼 뚜렷하게 그려준 미래의 설계도

1984년 3월쯤 50대 초반의 남자가 찾아왔다.

"생각보다 젊어 보이는 분이시군요. 저는 나보다는 더 나이가 많으신 분이 상담을 하실 것이라고 생각했습니다만…."

"한국역리학회에는 선생의 부모님 정도의 연세가 되신 분들이 많이 계십니다만, 그 어르신들을 업무상 만나러 오셨나요?"

"아닙니다. 원장님 계신 이곳을 다녀간 사람들이 가끔 말들을 해서 저도 제 앞날에 대해 상담을 받고자 왔습니다."

그는 의자를 가까이 끌어다 앉았다.

"선생의 명조는 하늘로 곧게 뻗은 나뭇가지의 형상이니, 이상(理想)은 높으나, 나무에 아직 꽃이 피지 못하고 있듯 여자와 재물을 조명(照明)하는 현실(現實)적인 별이 너무나 멀리서 약하게 비추니 인기(人氣)는 있으되 허명(虛名)일 뿐이고, 여자와 재물은 선생님의 것은 1% 정도이니 많은 재물을 편법을 써서 단 한 번에 쉽게 취득하려고 욕심을 내시면 어둡고 껌껌한 저세상 속에서 살게 될 수도 있으니 조심하시기 바랍니다."

"제가 지금 그런 처지입니다. 앞으로 어떻게 살아가면 좋을는지요? 지금으로선 암담하기만 합니다."

그는 가슴 깊은 곳으로부터 묵혀있던 긴 한숨을 토해냈다. 이 원장은 그 사람의 희망찬 미래의 청사진과 설계도를 현실처럼 뚜렷하게 그려주면서 꼭 행복하게 살아갈 수 있는 방법을 실례를 들어가면서 안내했다.

"한 치 앞을 예측하기 어려운 현대를 살아가고 있는 대부분의 사람들은 오늘도 하늘이 내려주시고 있는 일용한 양식을 자격이 없어 감사할 줄도 모르면서 급히 허겁지겁 먹어가면서 살아가고 있으며 또 돈과 권력이 많은 사람들이 아무리 등기권리증에 명시된 넓은 평수의 건물과 침실을 소유하고 있다고 해도 오늘 밤에는 그 사람도 역시 1평을 넘기지 못하는 곳에서 잠을 자게 되는데, 내일 아침에 깨어난 사람은 부활한 것이요, 숨이 끊어져 일어나지 못하는 사람은 긴 잠을 자려고 저승으로 간 사람으로 죽고 사는 법칙이 모두 땅 1평으로 귀결되며 결국은 사람이 백 년을 살아도 '순식간(瞬息間)'이요, 수천만 년이라고 해도 한 '찰나' 한 '순간'이며 사람이 죽고 사는 것이 모두가 한 호흡(呼吸)을 하는 동안이니[2] 이왕 이 세상에 사람으로 태어나서 단 하루를 살더라도 온 우주 만물과 사람들에게 모두 서로가 유익함을 줄 수 있도록 노력한다면 선생을 포함해 우리 모두는 지상낙원의 행복감을 누려볼 수 있을 것입니다.

특히 5년 전에는 북극성(北極星)을 중심한 하늘의 을(乙)과 경(庚)방위에 백색광체를 내뿜는 별들이 띠를 형성하고 있었는데 그때 북두칠성의 자루가 7, 8월 방향에 있을 때 선생께서는 60년에 단 한 번밖에 없는 일생일대의 일확천금을 할 수 있는 기회가 왔다고 착각해 생명을

---

2) 순식(瞬息)=수유의 10분의 1로서 탄지의 10배. 탄지(彈指)=순식의 10분의 1로서 찰나(刹那)의 10배, 고로, 탄지=10의-17승. 찰나=탄지의 10분의 1이 되는 극히 짧은 소수점의 시간임 즉 1찰나 =1/75 초.

걸고 모험을 했으나 위기에 처하자 생명을 보존하기 위해서 그 재물들을 모두 깊은 물 속에 버렸을 것입니다. 그 사건으로 선생은 이승에서도 그 이름이 없고, 저승의 명부전에도 기록이 없는 사람 같네요."

"네. 맞습니다. 저는 그때 이미 죽어 있는 사람입니다."

"선생께서 하늘에서 부여받은 직업인 언론, 출판, 및 종교, 교육방면으로 진출하여 신명나게 일하시면 80세 이상을 행복하게 살게 되실 겁니다."

그는 이 원장을 찾아왔을 때와는 정반대의 다른 사람이 되어 허리를 꼿꼿이 세우고 씩씩하게 걸어 나갔다.

68. 역리학술과 배움

- 재물이나 명예를 편법으로 얻고자 하면 혹세무민

1984년 어느 날 연구실 문 앞에서 사람들의 동향을 즐기고 있을 때 멀리서 몸을 약간 흔들면서 사무실로 다가오는 사람이 보였다. 자세히 보니 전날 자신의 앞날에 대한 특별 상담을 요청했던 사람이었다. 그분의 사주는 壬申^{임신}년 己酉^{기유}월 乙酉^{을유}일 甲申^{갑신}시였으며, 이름 音靈^{음령}에서는 ㄱ. 乙木性^{을목성}이 주도하고 있어서, 능수버들과 바람을 연상하게 하였다.

옛날부터 지금까지 일상적인 바람이라고 하는 것은 소문이요, 이성 간의 애정에 관한 염문(艶聞)이요, 타 지방에 새 소식을 전달하는 역마와 마부, 광대 및 무속인, 시장이나 가정마다 다니면서 풍물과 문화를 전달하는 일체의 모든 것을 의미한다. 오늘날 신문방송의 뉴스, 광고 및 연예계 소식, 그 외 일체의 모든 지구촌의 뉴스와 속보에 비교될 것이다.

그는 역시 언론, 출판 및 교육, 종교와 연계된 사주팔자를 타고났으며 아울러 이 원장의 통계분석에 의하면 이름도 역시 문서(文書)로 성공할 수 있다고 암시하는 인수(印綬)라는 별이 주도하고 있었다.

"어제 다녀가셨는데, 어쩐 일로 또 방문해 주셨나요?"

"선생님! 절 받으십시오."

그는 문에 들어서자마자 이 원장을 향해 절을 했다. 순식간에 일어난 상황이라 이 원장도 엉거주춤한 상태로 맞절을 했다.

"저에게 선생님께서 알고 계시는 10분 1이라도 나누어 주십시오."

이목영 원장은 그분의 말뜻을 몰라 어정쩡한 상태로 그의 눈을 쳐다보고 있다가 잠시 후에 말하고자 하는 마음이 가슴에 전달되자 정색을 하면서 따듯한 차를 건넸다. 그리고 이 원장의 스승님들과 고명하신 역술계의 원로님을 소개하면서 그분들의 문하에서 가르침을 받기를 권했다.

"스승님들께서는 역리학술은 최하 30년 정도는 훌륭한 스승님들의 문하에서 집중적으로 가르침을 받아야만 학리(學理)가 정립된다고 하셨습니다. 그 정도가 되어야 자기 스스로가 자신을 인정할 수가 있는 수준이 될 수 있다고 하셨습니다. 만약 후학(後學)들을 지도하거나 책을 펴내려면 그러한 과정을 밟은 사람이 발표해야지 그렇지 못한 사람이 지나친 욕심으로 재물이나 명예를 얻고자 가르치거나 책을 어설프게 써내면 그것이 곧 혹세무민하게 되는 원인이 되므로 하늘의 엄중한 심판을 받은 뒤 자손대대로 그 罪業을 받게 될 것이라는 가르침도 함께 내려받았습니다.

그러므로 저는 앞으로도 계속 생명이 다하는 날까지 초야에 묻혀계시는 훌륭하신 선생님들을 찾아뵙고 가르침을 내려받을 생각입니다. 고로 선생께서 말씀하신 내용에 대한 것은 저는 사양 하겠습니다."

그 날 그분은 섭섭한 마음을 안고 되돌아갔다. 그런지 6개월이 지날 쯤, 그분이 다시 찾아왔다. 그동안 고명하신 선생님 문하에서 비법을 집중적으로 전수받았는데 그 선생님께서는 그 동안 배운 것을 1천 명 이상 상담을 하게 되면 나름대로 물리(物理)가 터질 것이라고 하셨지만 본인은 아직은 더 2년 동안 신문사에서 근무하고 있어야만 되기 때문에 전문적으로 상담을 할 처지가 못 된다고 털어놓았다.

또한 그동안 열심히 메모하면서 배우긴 했지만 이치를 터득하지 못했으니 이번에는 이 원장에게 명리학에 관한 근본적인 개론(概論)을 집중적으로 지도받았으면 좋겠다고 했다.

그분은 그날부터 기초적인 것부터 공부하고 규명하기 시작해 오늘 이 시각까지도 이 원장과 함께 연구하고 토론하는 학우(學友)로서의 인연을 맺어오고 있는 중이다.

그 분은 현재 88세의 고령이시다. 노익장을 발휘해 3년 전까지도 경제적으로 어려운 상태에서 결혼식을 하는 많은 사람들에게 무료로 주례사를 해주는 선생님으로 서울에서 존경받고 있으며 또 부처님께서 설법하신 진리의 말씀을 몸소 실천하면서 많은 사람들에게 불법(佛法)과 장수의 비결을 전하는 노익장(老益壯) 전법사(傳法師)로서도 많이 알려져 있다.

69. 인생 진로의 갈림길

- 큰 스님이 되실 천명(天命)을 타고 났습니다

1960년대 말경에는 생활 형편이 여의치 못해 동인천역 부근에서 신문이나 껌을 팔거나 구두를 닦아 주는 청소년들이(일명 슈샨보이), 한 푼씩 받은 돈으로 부모님과 형제들의 생활을 보살피던 시절이 있었다.

그네들도 학생교복에 모자를 쓰고 책가방을 들고 학교에 다니고 싶은 마음은 굴뚝같았으나 집안환경이 여의치 않아 30살이 넘도록 글자를 모르고 지내는 사람들이 많이 있었다.

그때 청소년 보호 및 선도를 위한 봉사활동을 함께 하던 고매한 혼을 지닌 20대의 청년들이 동인천역 광장에 있는 인영빌딩에다 그들을 위해 건물주인의 협조와 인천지역에서 덕망이 높은 유명인사들의 후원을 받아 청소년 무료야간 학교를 설립해 운영할 때의 일이다.

동지들 중에 이목영 원장과 더 가깝게 교감을 나누던 윤리담당 선생님이 어느 날 곡차를 한잔 함께 나누자고 해서 두 사람은 미래를 향한 푸른 꿈을 큰 자장면 대접에다 모든 것이 넉넉한 상태가 되도록 따라 마셨다.

"이 형! 나는 요새 고민이 많아. 장차 나는 어떤 길로 가야만 좋을까? 이 선생은 미래와 연관된 모든 학문에 깊은 관심과 연구를 많이 하고 있으니 다음 주에 만날 때까지 연구해서 나의 미래에 대한 청사진을 뽑아다주면 분위기 좋은 곳에서 크게 한 잔 살게."

"인생 진로에 관한 문제라면 더더욱 자신이 없네요. 전문가를 찾아 상담하시는 것이 더 현명하다고 생각되네요."

이 원장은 정중히 거절했지만 막무가내였다.

이후 다시 만난 날, 그분에게 청사진을 내주면서 깊이 연구한 결과 확실한 부분에 대한 것 중 평생 직업적인 면과 어떠한 자세로 생활할 것인가에 대해서 요약해주었다.

1. 하늘로부터의 소명은 모든 사람들을 바른길로 안내하고 지도하는 일을 하면 크게 성공할 것이다.
2. 모든 사람들이 추구하는 재물이나 명예, 그리고 여자를 개인적인 욕심으로 얻게 되는 날, 반드시 하늘에서 생명을 회수(回收)해 갈 것이다.

"이러한 조건이라면 세속(世俗)을 떠나서 혼자서 살라는 것이요?"

그는 순간 자리를 박차고 벌떡 일어나 이 원장을 원망하는 눈으로 쏘아보았다.

"선배께서 부탁한 청사진이 그와 같습니다. 종교지도자와 사회교육과 복지적인 모든 일들을 포함한 봉사하는 일들로서 신불(神佛·우주의 질서를 주제하는 주체)은 선배께서 수고하고 무거운 짐을 지고 있는 영혼들을 평안한 곳으로 인도하고, 안내하는 일을 신명나도록 목숨이 다하는 날까지 하라고 명령하고 있는 것 같네요."

그날 이후 그 선배는 동국대학교 불교학과를 졸업하고 1970년 초에는 도선사에 계시던 청담 조사님의 부르심을 받고 중생제도를 위해 생사불문하고 용맹정진을 하던 중, 어느 날 번개가 찰나적으로 주변을 밝게 비출 때 생사(生死)가 일여(-如)라는 것을 깨닫고, 고향인 인천 만월산 밑에 토굴에서 다시 또 생사를 초월한 천일기도 끝에 관세음보살님을 친견해 그 자리에다 관음도량을 위한 불사(佛事)를 하기 시작했다.

스님은 오래전부터 어린이를 위한 교육 및 복지사업과 함께 불교중흥을 위해 조계종단에서 최고의 지도자로서 학인들에게 큰 가르침을 주고 계신데, 한 가지 안타까운 것은 지금 이 시간에도 20년 이상을 산소호흡기를 하시고 있으면서도 찾아오는 사람들을 향해 몸을 돌보지 않고 어린아이처럼 좋아하시면서 생사를 초월해 법문을 내려주시는 점이다. 오늘도 스님을 만나고 있는 분들은 묶었던 업장이 모두 녹아내리고 있을 것이다.

70. 하늘이 내려준 사명
- 선생은 기독교 목회자가 되셔야 합니다

1990년대 초 40대 중후한 남자가 상담실을 방문했다.

"역리 학술도 컴퓨터로 합니까?"

그는 몹시 의아해하며 쳐다보다가 신기한 듯 컴퓨터로 눈을 돌린다.

"아직은 초기 단계입니다만, 지금 이 컴퓨터에는 약 150년 치의 달력과 수많은 사람들의 사주팔자를 풀어 놓은 기초적인 것들을 저장해 놓았습니다."

그분은 어이가 없는지 멍하니 넋을 놓고 있다가 이 원장에게 바짝 다가앉았다.

"선생님 제 사주 좀 봐주세요."

"비견 겁재의 별들이 강력하게 비추고 있으니 사방팔방을 다니느라 일 년 12달 바쁜데 특히 식신(食神)과 상관의 별이 대운에서 왕성하게 조명(照明)하고 있는 것을 보면 자존심이 너무 높아 사람을 낮추어 보며, 모험심이 발동하여 위험천만하게도 일엽편주(一葉片舟)에다 몸을 싣고 망망대해로 떠돌아다니면서 일획천금을 하려고 목숨을 거는 무역업과 연관된 일을 하시는 모양입니다."

"와! 딱 맞습니다."

그의 눈과 입이 순간적으로 커지면서 넋을 놓은 상태로 한동안 이 원장을 올려다보았다.

그런 모습에서 이 원장은 그가 친형제처럼 느껴져 다방에 커피를 주문해서 따뜻한 마음을 함께 마셨다.

"선생께서는 앞으로 40년 정도를 건강하게 더 사시게 될 수도 있습니다. 그러나 재물을 쉽게 획득하려고 임시방편적인 편법을 지난날처럼 다시 또 사용하게 되면 아마도 내달부터는 죽는 것보다 더 못한 고통스러운 삶이 연속될 것 같아 걱정이 됩니다."

잠시 후 그는 뜨거운 눈물을 주먹으로 닦아 내면서 몸과 마음을 서너 번 낮추어 감사의 뜻을 나타내면서 장차 40년을 보람차게 살려면 어떠한 직업과 어떻게 처신하고 살아야 할 것인지를 가르쳐달라고 간절한 마음으로 부탁하였다.

"선생에게 하늘이 내려주신 사명은 기독교와 연관된 목회(牧會)자가 되시면 좋을 것 같네요. 단, 어떠한 교단의 종교지도자가 되던지 모든 사람을 항상 두 손으로 떠받들어 모시지 않으면 이미 사람을 낮추어 보고 무시한 것뿐만이 아니라 동시에 하늘, 즉 신불(神佛)의 뜻을 무시하고 배반한 것이기 때문에 그동안에 복을 지은 것이 모두 다 없어지는 날 그 즉시 하늘의 심판이 있을 것이니 매일 매시간을 항상 몸을 낮추어 처신하시면 신불께서는 선생의 그림자처럼 항상 함께 하시면서 무한한 능력을 행사하도록 해주실 것이니 행복하게 살아가시길 원한다면 이점 꼭 유념하시길 바랍니다."

그날 그분은 가슴을 펴고 힘차게 새로운 발걸음으로 내딛더니, 그 후 가끔 부부가 함께 찾아와서 인사를 했다.

그 후 5년 정도 되던 해에 목회자 안수를 받게 됐다고 하면서 서울 목회자연합회로 와서 축하해달라는 초대장을 보내왔다.

그때부터 그 목사님은 해외 선교활동을 하면서도 최근에 10년 전부터는 그 바쁜 시간들을 다시 또 쪼개서 아내와 함께 오갈 곳이 없는 병든 노인들을 강화도에서 다시 작은 배를 타고 한참을 가야만 되는 奧地^{오지}의 아주 작은 섬에 있는 교회로 모셔 와서 날마다 즐거운 마음으로 그분들과 함께 찬송하면서 그분들을 하나님 대하듯 보살펴 드리고 있는 중이다.

71. 중국인 여성과 결혼 운
- 이마가 잘 보이도록 해야 남편의 사랑을 받게 됩니다

어느 날 50대와 30대 초로 보이는 중국인 여자 두 명이 찾아왔다.

50대의 여성이 하는 일은 중국의 젊은 여성들과 국내 남성들을 결혼시켜 정착하도록 하는 것이었으며 젊은 여성은 한국남성과 결혼하기 위해서 중년여성을 믿고 낯선 이국땅인 한국에 온 것 같았다.

"누가 소개해서 택시 타고 왔는데, 잘 좀 봐줘요."

앞뒤가 없는 어법을 쓰는 중년 여성이 젊은 여성의 생년월일시와 이름을 한문으로 메모해 주었다.

"중국의 그 유명한 등소평과 같은 성씨(姓氏)이신데, 그렇다면 중국에서는 이 여성을 덩 샤오 ○○이라는 발음으로 이름을 부르던가요?"

이 원장은 중국어 사전을 펴놓고 말을 건넸더니, 두 여자의 눈과 입이 크게 정지된 상태로 한동안 쳐다보았다.

"오늘 당장 이마가 잘 보이도록 하세요. 또 도수가 없는 안경을 쓰시면 오늘부터 즉시 좋은 일들이 생기기 시작할 것이니 꼭 실천하세요."

그러자 중년 여성은 매번 말의 앞뒤가 없는 반말 투로 질문을 했다.

"오늘 오후에 직장에서 퇴근하는 남자하고 맞선을 보기로 했는데 잘 될까?"

"아직 사주팔자를 풀어보지 않았지만 그래야만 지난날에 있었던 가슴 아픈 일들이 반복되지 않을 것 같네요."

그러면서 이 원장이 자세히 사주(四柱)를 풀어보니 년주(年柱)에는 상관의 별이 왕성하게 비추고 있었고, 월간지에는 관성과 비겁이 자리 잡고 있었으며, 출생시(時)의 기둥에는 상관과 인수가 있으면서 출생일 지지와 년월시의 모든 지지가 연합해 비겁의 별로 변해 강력하게 빛나고 있었다. 이 원장의 통계분석에 의하면 이러한 사주의 주인공은 남편 되는 분이 아내를 너무 사랑하고 행복하게 해주면 얼마 후 그 남편이 갑자기 요절(夭折) 또는 식물인간이 되던가, 아니면 무능한 남성(男性)으로 되는 확률이 85% 정도로 높았다.

또 그런 유형이 아닌 분석의 사주는 날마다 주색잡기(酒色雜技)나 하면서 처와 자식을 구타하고 행패를 부리면서 20년 이상을 살아가는 남편도 간혹 있는데, 전후 어떠한 경우를 따질 것도 없이 결과적으로는 모두 생사(生死) 간에 이별하는 것을 95% 정도로 분석해 놓은 이 원장은 그녀가 스스로 실천하기 쉬운 생활처방 2가지를 내려주었다.

"여러 가지의 관점을 종합해볼 때 부모님과 남편 및 윗사람들의 사랑을 많이 받지 못하면서 힘들게 살아왔을 것입니다. 첫째 오늘 시간부터는 항상 이마가 단정하게 보이도록 머리를 올리시고 도수가 없는 안경을 착용할 것, 둘째 알려드리는 색깔의 천을 잠자리에 깔고 잠을 잘 것이며 평소에 그 색깔로 즐겨 옷을 입고 일상적으로 생활하는 생활습관을 꾸준하게 21일 이상 실천할 것, 그러면 사주팔자에서 부족했던 별들의 파장과 동조되어 그 별에서 발산하는 빛을 조명(照明)받기 시작해 서서히 운명이 개척되는 방향으로 인도되어 감으로 근면·성실한 남편감을 만나 행복하게 살아갈 수 있게 됩니다."

그날부터 그녀는 생활처방을 생활화했고 1년쯤 됐을 때 부부가 함께 와서 태어난 아기 이름을 지어달라고 했다.

그녀는 한국의 생활환경에 적응하려고 한국어를 공부하면서 노력하고 있는 모습이 역력하게 보이더니 아예 지금은 그 진실함을 인정받아 중국어를 공부하고 싶어 하는 일가친지의 청소년들에게 어학을 가르치고 있고 한국의 자랑스런 문화와 현재 중국의 실상을 이어주는 민간 외교관 역할을 하고 있다.

72. 한 노신사와의 22년 인연

- 풍수지리를 어설프게 하면 '후손 3대까지 책임을 져야 한다'는 옛말도

1987년 1월쯤 눈이 내리던 어느 날 전신(全身)에서 편안한 파장이 감돌고 있는 한 노신사가 찾아왔다.

"오늘은 거동하기 쉽지 않은 날인데 이 산마을 누옥(陋屋)을 방문해 주셔서 영광입니다. 인사 올리겠습니다. 앞으로 많은 가르침을 엎드려 부탁드리겠습니다."

이목영 원장이 엎드려 정중히 인사를 드리자 어르신도 함께 맞절을 했다.

"이 선생님과 절친하게 지내고 계시는 솔나무가 많았던 곳, 인천 송림(松林)마을에 계시는 김 선생이 자상하게 일러주어서 소개를 받고 급한 마음에 오늘 영종에서 달려왔어요."

그 노신사는 전국에서 그분의 이름 석 자만 대면 누구나 높이 존경받는 분으로 하시는 일은 가락국 김(金)씨 문중의 족보편찬을 총체적으로 관장하고 있는 최고책임자였다.

또 문중 조상께 제사를 올리고 집행하는 제사장의 일을 보시고 있는 우리나라 전역의 가락국 김씨 종친회 전국 부회장의 책무를 맡아보시고 계셨다. 그런 연고로 인해 은연중에 오래전부터 자연스럽게 풍수지리와 인연이 돼 집중적으로 연구하게 됐으나 그 풍수지리학이란 것이 과학적인 천문학으로 귀결된다는 것을 알게는 되었지만, 그 전체적인 면에서의 학문적인 개념이 정립되기가 쉽지가 않았던 모양이다.

그래서 그 어르신은 오랫동안 많은 갈등과 고뇌(苦惱)를 하시면서 풍수학 그 자체에 대해서 엄청난 회의를 품고 있었던 중에 김 선생과 만나서 대화하던 과정에서 이 원장을 찾아왔다는 것이었다.

"우리가 길을 가다가 길을 잘못 들어섰다고 판단이 되면 결국 지나온 길을 되돌아가면서 분명하게 아는 지점까지 갔다가, 다시 그곳에서부터 새롭게 시작해야만 된다는 것은 상식적인 일입니다. 저는 너무나 부족한 것이 많기 때문에 앞으로도 죽는 날까지도 공부하려고 노력하고 있는 사람이지만, 그러나 제가 볼 때엔 선생님께서는 잘못된 길로 들어서신 것 같지는 않아 보입니다. 왜냐하면 이 추운 겨울 눈 오는 날에 배를 타고 아드님의 나이와 엇비슷한 저에게까지 오셔서 학문적인 토론을 하시고자 하는 그 고매함이 그것을 증명하고 있습니다. 그러하오니 사양치 마시고 오늘부터 오랫동안 몸소 경험하시고 연구하신 풍수지리학을 저에게 가르쳐주시길 엎드려 부탁드리겠습니다."

그러자 그분은 사양하면서 오늘 단행할 일들을 가족들에게 잘 납득되도록 말해놓고 왔다고 강력하게 말씀하시기에 어쩔 수 없이 그날부터 이 원장은 역리학의 일반적인 개념을 약 6개월간에 걸쳐 그분이 학문적으로 정립이 되도록 튼튼하게 초석을 놓아드리려고 최선을 다했다.

그러던 어느 날, 그 어른은 구슬 서말을 꿰어 보배로 만드는 신통(神通)을 이루셨고 곧바로 다음 달부터는 이 원장이 반대로 그분에게서 실제로 경험했던 간산(看山)위주의 풍수지리학을 폭넓게 가르침을 받기 시작했다.

그 어르신에게서 가장 큰 가르침을 받은 것 중 하나는 평소에 사례비를 원하시지도 않았지만 도움을 청한 사람들이 현금으로 감사의 표시를 하려고 할 때엔 "나는 문중을 위해서 하는 일이지 돈을 받으려고 하는 일이 아니니 어디 가서 시원한 막걸리나 한잔씩 하고 끝내자."고 말하곤 했다.

잘못 판단하게 되면 하늘의 심판을 받게 되는데 돈에 눈이 멀게 되면 더더욱 판단이 흐려지게 되고, 더 나아가 자손 3대까지 책임을 져야 되는 일이 풍수지리학이라는 가르침이셨다. 그날부터 현재까지 부모님처럼 대하면서 왕래하길 22년이란 세월이 훌쩍 지나가고 있는 중이다.

73. 생활처방 무시한 그녀
- 보험여왕이 사채놀이 하는 미남에게 노후자금 몽땅 털려 통곡

1998년 어느 날, 30대 중반의 여성이 상담을 예약한 시간에 찾아
왔다.

이목영 원장이 가장 소중하게 여기는 자료는 정확한 생년월일시와
그 사람이 찾아온 날과 그 시간, 그리고 호적상의 이름 및 당사자인
본인의 참다운 면모와 그 사람에게서 풍기는 향기다. 그녀는 辛丑^{신축}년
丙申^{병신}월 戊寅^{무인}일에 출생했으며, 9대운으로 북에서 동남으로 운행되는
命^명이었고, 이름은 音靈^{음령} ㅅ.ㅇ.ㅈ. 으로 비겁+식상의 별이 命運^{명운}을 이끌
어 가고 있었다.

"많은 사람들의 돈과 생명을 국가를 대리하여 관리하고 있는 책임
자 같네요?"

"어머나! 어떻게 잘 아시네요?"

우리들의 생활은 봄 여름 가을 겨울 4계절이 순환하는 과정 속에서
영향을 받기 마련이듯, 각각의 사주팔자 역시 주인공만이 가야 하는
자전궤도인 대운이 가는 길도 그와 같다.

대운(大運)이란 단어는 길흉과는 아무런 관계가 없으며 다만 10년의
운을 관장한다는 뜻만을 함유하고 있을 뿐이다. 대운은 12번 바뀌는
데 그때마다 환경이 바뀌므로 사고방식과 행동 및 직업과 체질, 그리
고 식성 등에도 엄청난 변화를 주게 된다.

이 여성의 사주팔자는 대운에서 많은 사람들의 재물을 공적(公的)으로 국가를 대리해 관장하라는 암시적인 운이 20년간 와있었기 때문에 보험 여왕의 위치에 있었던 것이다.

"처음에 결혼한 남편과는 평생해로를 하기 어려운 사주팔자와 이름으로 구성돼 있어 지금은 고독하게 살고 있겠네요."

그녀는 슬픈 눈으로 고개를 끄떡였다.

생년의 간지(干支)에 상관과 겁재의 별이 있고 생월의 간지(干支)에 인성과 식신성이 있으면서 태어난 날의 지지에 편관성이 있는 사주명과 그 사람의 이름에서 파생되는 남편과 자식을 강력하게 극하는 흉한 에너지와 서로 충돌하게 되면서 성실 근면하던 남편은 어느 날 갑자기 무능력해지고 낳은 자손을 양육하기 어렵게 될 수도 있다. 이 원장은 그녀가 보험 여왕이기 때문에 사기성이 높은 남성들의 유혹을 많이 받고 있을 것이라면서, 그들 중에서도 혹 사채놀이하는 남자와 접촉하게 되면 지금까지 쌓아온 공든 탑이 순식간에 무너지면서 앞날 50년이 굴곡지고 불만족스러운 삶이 될 수도 있을 것이라고 간곡히 일러주었다.

또 스스로가 생활하면서 쉽게 운명을 개척해 나아갈 수 있는 몇 가지 처방을 실천하도록 당부함과 함께 전문가 입장에서 보는 이름이라는 것은 사람들의 사고방식과 얼굴 모습, 그리고 행동과 습관 및 운명까지도 바꾸어 놓을 수 있는 창조적인 위력을 갖고 있기 때문에 우리 선조들께서는 예로부터 아호를 사용하셨고 불교에서는 법명을, 천주교나 기독교에서는 영세명과 세례명을 내려주고 받아 부르고 있는 것이라고 설명했다.

그러나 그날 그녀는 귓등으로 듣는 둥 마는 둥, 턱을 하늘로 높이

처들면서 상담실 문을 박차고 나갔다. 그런지 서너 달이 지났을 때쯤 그녀로부터 전화 연락이 왔다.

"선생님! 저와 자주 만났던 남자가 며칠째 사무실 문을 닫고는 전화를 받지 않아요. 어쩌면 좋지요?"

그녀는 이미 오래전부터 돈이 필요한 사람들에게 신용카드를 담보로 잡고 고액의 이자놀이를 하고 있는 그럴듯하게 잘생긴 그 남자, 그리고 그의 사무실 분위기와 멋진 말솜씨 및 매너에 매료돼 서비스가 만점인 그에게 노후를 준비해서 모아놓았던 부동산을 포함한 모든 재산을 투자했다고 했다.

또 그녀는 그 남자가 항상 다른 투자자보다 은밀하게 높은 이율을 적용해 주면서 더 특별하게 투자에 대한 이익금도 많이 분배해주는 것에 모든 것을 믿고 몸과 마음까지도 몽땅 맡겼던 모양이었다. 그런 입장이다 보니 그 남자에게서 현금 보관증이나 현금을 빌려주었다는 사실을 입증할 만한 법적인 증서를 받아 놓은 것이 전혀 없었던 것이다.

현재 그녀는 생활처방을 콧등으로 듣고 실천하지 못했던 점에 대해 후회하며 소식을 간간히 전해오고 있다.

74. 할머니의 답답한 사주

- 차라리 혼자 사시는 게 편할지도?

올해 초 63세의 할머니가 먼 곳에서 물어물어 찾아오셨다.

그 할머니의 사주를 풀어놓고 보니 가슴이 그녀보다 더 답답해졌다.

"늙은 몸이지만 차라리 혼자 살아가는 것이 더 좋겠다는 비장한 마음을 먹고 있네요?"

"어머나! 그것을… 어떻게?"

그 할머니는 그 나이에도 곱디고운 얼굴과 맑은 영혼이 함께하고 있어서 그런지 그 순간 소녀처럼 두 손으로 흐르는 눈물을 주체하지 못했다.

천문학적으로 보면 사주팔자를 주관하고 있는 것은 별이다. 대운은 이 별이 운행하는 자전궤도 이며 유년(流年)은 공전궤도이다. 공전과 자전이 十로 만나는 지점에서 모든 생명과 사물이 창조되고 사건이 발생한다. 이것이 운명방정식을 보는 방법이다.

그 할머니처럼 이러한 대운(大運)에 머물고 있는 분들이 10% 정도나 된다.

이러한 사주의 명(命)들은 이미 중년부터 남편과 별거 중이거나 생사(生死) 간에 이별을 한 경우가 대부분이며 아들이 없거나, 만약 아들이 있으면 정신적이거나 신체적으로 불구자이거나 불효막심한 자식을 뒷바라지하면서 살게 된다.

또 모든 것을 다 바쳐서 훌륭한 사람이 되도록 외국에 가서 공부하
도록 한 아들이 그곳에서 출세해 용돈과 함께 가끔 소식을 보내면서
명절 때라도 찾아와 문안인사를 올려야 하는 것이 당연하겠지만, 어
떤 경우에는 아예 소식이 끊어져서 늙은 몸이 누구 하나 의지할 사람
없이 외롭고 힘겹게 살아가게 되는 사람도 있다.

그러나 몸은 늙었지만 마음은 청춘이라 먹고 살아가기는 해야 하니
까 어쩔 수 없이 다른 사람들의 가정이나 업체의 일을 도와주면서 동
가식서가숙을 하거나, 차마 죽지 못해서 문전걸식을 하면서 살아가고
있는 노인들도 있다.

이 할머니는 한집에서 아들 며느리와 함께 살아가고 있는 경우에
속하고 있었다.

"앞으로 30년을 더 살아가실 준비를 하셔야 하니, 아들 며느리에게
뼈 빠지게 힘든 일해서 버신 돈을 몽땅 다 내놓지 말고 올해부터는 반
만 주시고 나머지는 은행이나 보험회사에 적금을 들어 몸이 더 몹시
불편할 때 사용할 대비를 하세요."

"어머나! 망측하게도 30년이나 더 살게 되면…?"

"그래서 오늘부터라도 단단하게 앞날을 준비하셔야 될 것 같습니다."

그러자 그는 아들의 사주팔자도 보아 달라고 하였다.

부처님 말씀에 의하면 우주법계에는 4방8방+상하(上下)방=십방(十方)
의 삼세(三世)가 있는데, 우리가 살고 있는 중천세계에는 33삼천(三十三
天)의 하늘이 있으며 그 최상층에서부터 최하층 바다 속 끝까지에 있
는 모든 생명과 사물들은 눈에 보이지 않는 미세(微細)한 물(水)입자(粒
子)로 구성돼 있다. 이 입자까지도 찰나적으로 건져 잡아 올리는 진
리의 그물인 법망(法網)이 둘러싸고 있으며, 이 법(法)에 의해 모든 불보

살님들은 그림자처럼 늘 우리들과 함께 계심으로, 남은 당분간 속일 수 있을지언정, 자신은 한 찰나도 속일 수가 없는 법이라고 일러주시었고, 고로 사람은 전생(前生)에서 지은 복만큼 인연(因緣)법칙에 의해서 부모님의 몸을 빌려 이 세상에 태어나는 것이라고 하셨다.

고로 가족 중에 어느 한 사람의 생년월일시가 정확하다면 인연법에 의해서 조상 5대와 후손 5대까지도 유추해 볼 수도 있다는 것이 이 원장의 학리적인 주장이다.

"할머니의 명을 보면 아들은 마음만 착하지, 현실을 직시하지 못하고 판단력이 부족해 모든 것을 안하무인(眼下無人)의 며느리가 주관하는 대로 살아가는 무골호인 같아 보이니 내일을 준비해두세요."

이 원장은 요긴하게 쓰시라고 은행에서 바꾼 세뱃돈 2장을 손에 쥐어드렸다.

75. 시대환경과 사주명리학
- 팔자 바꾸려면, 아이 돌보기 관련 직업을

　어느 날 40대 초반의 여성이 사주를 보러왔다.

　"저는 점을 보지 않습니다. 대화하면서 문제점이 되는 것을 찾아 장차 '어떻게 하면 행복한 삶을 살아갈 것이냐?' 하는 문제들만을 상담하기 때문에 뚜렷한 목표 없이 사주를 그냥 보아 달라고 하시면 전체적인 것만을 대략해서 말씀을 드립니다. 그러나 어떠한 문제 하나를 집중적으로 상담하시겠다고 하면 그 점에 대해서는 제가 알고 있는 모든 것들을 총망라해 최선의 방법론까지 일러드리겠습니다."

　"일 년에 한 번씩 신년 운세를 보러 가기만 하면, 어느 곳에서든 저는 3번 이상 시집을 가야 되는 팔자라고 합니다. 얼마 전에도 잘 아는 분을 따라서 운세를 보러 갔는데, 그곳에서도 또 똑같은 말을 듣고 왔습니다."

　그러나 이 원장의 말은 엉뚱했다.

　"듣고 오신 말씀은 약 1,200년 전에 그 당시 사회 환경이 단순한 상태였고, 그것도 태어난 생년의 띠를 중심으로 인간의 운명을 유추해 보았던 그 당시의 교과서적인 내용인 것 같은데 만약 손님께서 그 시절에 태어나셨다면 틀림없이 그러한 운명을 살게 될 수도 있었겠죠. 그러나 손님을 여러 가지 측면으로 보면 절대로 그렇게 되지 않을 것이니, 제가 일러주는 방법대로 살아가세요."

사주명리학의 교과서격인 고서(古書)들은 동양의학의 기본적인 서적과는 달리 너무나도 많은 부분이 난해하다.

동양의학(東洋醫學)은 유구한 세월 동안을 면면히 지속돼 오는 연구기관이 있으면서 그 연구 자료 및 통계수치와 분석해 놓은 처방법을 이어 오면서 그 시대환경에 따라서 발전된 모습을 학리적으로 제시해오고 있다.

그러나 사주명리학은 동양의학의 오운육기학(입태사주학=체질을 분석한 내용)과 분리되기 시작하면서부터 연구기관이 없이 비전돼 오는 당송(唐宋)시대의 고서를 오늘날까지도 교과서로 하고 있는데(현재는 제도권에서 연구하여 교육하는 대학 및 대학원이 있음) 독자적으로 한학에 조예가 깊다고 자만해 이 명리학 서적들을 혼자서 탐독하면서 남을 가리키거나, 실제로 상담하다 보면 이론과 실제가 상반되고 모순되는 점이 너무나도 많아 미로(迷路) 속에서 생명을 마감하게 되는 사람들이 적지 않다.

"제가 자신 있게 말씀드리는 이유는, 21세기인 오늘날은 그 옛날과 비교하면 그때의 100년이 지금의 단 하루도 못되는 초고속 및 광속의 속도로 천지개벽하듯 변화하고 있기 때문입니다."

그녀는 하늘로 부여받은 소명이 다른 사람들이 낳은 아이들을 보호하고 기르며 가르치는 일이므로 지금처럼 바람 부는대로 물 흘러 가는대로 살면 올해부터 15년 사이에 3번 이상 성씨가 다른 남자의 아이들을 낳거나 기르게 될 터이니 단단히 마음 굳게 먹고 각별히 몸조심해야만 노년에 세상에서 가장 존경받는 어머니가 될 수도 있을 것이라고 뚜렷하게 청사진을 찍어주었다.

이 원장은 과거 남존여비(男尊女卑)의 단순한 사회환경에서는 어쩔 수 없이 6번 시집을 갈 사주팔자가 있었지만 '사람과 물은 댈 탓'이라는 옛말은 '환경(=역리(易理))에 따라서'라는 근원적인 진리를 21세기인 오늘에 적용해 그녀가 여러 아이들을 보호하고 기르며 가르치게 되면, 각성(各姓) 남자들의 아이들을 양육하는 것과 같으니 직업적으로 일을 하면서도 행복하게 살아갈 처방을 일러준 것이다.

76. 운명을 감정하는 방법
- '용신'은 무엇이며, 어떤 것일까?

오래전에 61세의 남자가 경상도에서 예약된 시간에 찾아왔었다.

"사주를 보러 왔습니다. 운명 감정료를 얼마를 드려야 하지요?"

"다른 선생님을 찾아가는 것이 더 좋겠습니다."

이 원장이 거절하면서 자리에서 일어나 음료수를 그에게 대접했다.

"그럼, 운명감정을 안 하십니까?"

"하하하! 저는 점치거나 운명을 감정하는 일은 하지 않습니다."

"그렇다면…."

그는 일용(日用)할 양식과 잠자리가 준비돼 보이는 등산 배낭을 어깨에 짊어진 채로 엉거주춤 서 있었다.

"학인(學人) 같아 보이는데… 갖고 있는 여비도 넉넉하지 않을 터이고, 나에게 줄 만할 것이 있겠소?"

그는 여러 주머니를 뒤적이면서 그날 하루 생명을 유지할 수 있는 전 재산을 몽땅 털어놓았다.

"이것으로 어쩌자는 거요?"

"저의 사주팔자에서 용신(用神)이 무엇인지 알고 싶습니다."

"용신은 글자 그대로 신(神)을 유용하게 부리고 이용하는 것이라서 저 역시 아직도 공부하고 있는 중이니 선생께서 스스로가 용신이 어디 있는지 찾아내어 부릴 수 있는 공부 방법을 일러드리는 것이 가장 좋을 것 같네요. 아예 처음부터 그렇게 말했으면 간단했을 걸 그랬군…"

이 원장은 그가 내놓은 재물을 상단(上壇)에 보고 드리면서 그와 함께 그 어른들께 각각 사배(四拜)와 삼배(三拜)를 정중하게 올린 뒤 그에게 그 모두를 되돌려주었다.

그리고는 형제처럼 편안한 상태에서 그의 많은 말들을 들어주고 답하면서 이 원장 자신 스스로가 공부하고 있는 방법들을 건네주었다.

이 세상 모든 것들은 평등한 것이므로 운명은 꼭 정해져 있지 않은 것이며 그래서 불경과 성경 및 모든 경전에서 이르시길, 최대한의 노력을 하라는 뜻의 '두드려라! 그러면 열릴 것이다.'와 '하늘은 스스로 돕는 자를 돕는다.'라는 말씀, '복은 지은 만큼 받는다.'와 '사필귀정(事必歸正)'이라는 말씀과 '인과응보(因果應報)'라는 말씀을 내려주셨다. 기독교 사상에서의 '원죄'라는 단어는 불교에서는 '전생의 업보'라는 말의 다른 표현인 것이며, '오른손이 하는 일을 왼손이 모르도록 하라'는 말씀은 부처님의 근본사상인 조건이 없이 베풀라고 하시는 보시(布施) '바라밀'에서 나온 준말로서 금강경(金剛經)에서의 말씀을 서양에서는 약 500년~800년이 지난 뒤에 그 생활환경 사상에 알맞게 인용한 것이라고 설명해주었다.

또 우리의 자녀들이 밤잠 설쳐가며 공부하거나 기술을 연마하고 있는 사람들이 있는 곳에는 반드시 신불(神佛)이 그림자처럼 함께 계시며, 많은 사람들이 이웃과 사회에 조건 없이 헌신적으로 봉사하는 것은 베푸는 자가 받으려고 하는 사람들보다 오히려 행복감에 충만해 순리적으로 살아가게 되는데 이러한 이치(理致)는 모두 신인합일(神人合一)의 증표로서 근원(根源)적인 진리에 귀일(歸一)하고 있기 때문에 불교와 모든 고등(高等) 종교에서는 요행을 바라는 마음을 갖고는 절대로 운명이나 점을 치지 말라고 말씀하신 것이다. 또 사람 인(人)변에 뫼 산(山)이 있는 글자를 음미해 보는 것도 공부하는 방법이라 고했다. 그는 마음과 몸을 하나로 모아 정중하게 작별 인사를 하고 떠났다.

77. 집안 어른을 잘 모셔야
- 현재는 지금까지 살아온 모든 것이 반영된 결과

　어느 날 70세 정도로 보이는 할머니가 들어오셔서 생년월일시와 이름을 써 주셨다.

　"사주팔자 좀 봐주세요. 우리 영감이 매일 온몸이 아프다고 하시면서 1년도 못살고 죽을지도 모른다고 매일 듣기 싫은 말씀만 하시고, 또 하나뿐인 아들은 매일 며느리와 못살고 이혼하겠다고 하는데 좋은 방법이 있으면 합니다."

　"영감님은 일반적인 종교지도자보다 더 착한 분입니다. 너무 깨끗한 성품으로서 법(法)이 필요치 않으신 분으로, 조금도 거짓말 못 하고, 남에게 줄 것이 있으면 그것을 줄 때까지는 잠도 못자고 고민을 하시는 분입니다. 지금까지 이렇게 하늘에 천사와 보살님 같으신 분이 풍진 속세에서 살면서 크게 병들지 않고 부인과 함께 자녀들을 양육하고 살아오신 것만도 큰 기적입니다. 가족들 모두가 어떤 신행, 신앙생활을 하던 간에 이 영감님은 우선적으로 신불(神佛)처럼 잘 받들어 모셔야 가정이 두루 편안하게 될 것입니다. 즉, 이분이 계신 곳은 항상 신성(神聖)한 곳으로서 이 어른이 계신 장소는 곧 부처님 모신 절이며, 하늘님을 모신 교회당이니 오늘부터 이분에게 참회하는 마음과 함께 정성껏 잘 받들어 모시면 7일 안에 마음과 몸이 편안하시게 될 것이며 100일 안에 아들 내외의 문제도 서서히 얼음 녹듯이 풀리게 될 것이니 꼭 오늘부터 당장 실천하시길 바랍니다."

이 원장은 그 즉시 생활용신 처방법을 일러주었다. 이어서 오늘날 살아 계시는 조상님도 잘 섬기지 못하면서도 오래 전에 혈통도 잘 알지도 못하는 남의 조상님들을 자기 자신들만 평안함을 위해 미신(迷信) 또는 맹신적으로 믿고 있는 사람들 중에는 현대의학이나 과학만으로는 해결하기 쉽지 않은 우환(憂患) 질고(疾苦)가 많이 발생하고 있는 것은 바로 이러한 이유 때문이라고 설명했다.

또 모든 사람들이 현재를 살아가고 있는 모습들은 그 스스로가 지난 20~30년 동안 살아왔던 결과가 반영되는 것으로 콩을 심은 곳에 콩이 나고, 팥을 심은데 팥이 나는 것이 당연한 것이므로 이러한 인과법칙(因果法則)에 의거해 가족들 중에 중심이 되는 한 사람의 생년월일시만 정확하다면 이 세상 모든 것은 인연 법칙에 의해 부모·형제·자식과 그 후손들과의 만남도 원소(元素)가 같은 것들은 동위원소를 찾아가게 되는 법칙과 주파수는 반드시 같은 파장과 동조(同調)되는 것이 진리이니 사람과 사람이 만나는 것은 필연(必然)적인 인연법에 의해서 만나게 됨으로 수평적인 처가 및 사돈댁과 인연을 맺게 되는 것도 역시 이 법칙에 의한 것이라고 쉽게 설명해 드렸다.

"그래서 아드님은 어떠한 처를 만나게 되었던지, 그녀는 남편을 무시하고 일방적으로 강력하게 밀고 나가는 언행 때문에 아드님은 아예 그녀를 포기한 상태로 지내다가 최근부터는 '이혼'까지도 생각하고 있을 것이라는 것을 알 수가 있는 것이랍니다."

78. 사형선고 내려진 냉장고가…
- 믿음과 기도는 기적을 낳는 법

이목영 원장의 연구실에는 16년 넘게 요긴하게 사용하며 함께 늙어 가고 있는 고물 냉장고가 있었다. 이 냉장고가 지난해 여름 갑자기 작동을 멈춰 버렸다. 급히 서비스센터에 신고를 했더니 다음 날 수리기사가 출장을 나왔는데 그는 신기한 듯 냉장고와 이 원장을 번갈아 쳐다보고 있었다.

기사는 냉장고를 열어 이곳저곳을 자세히 살펴보더니 퉁명스럽게 물었다.

"이 냉장고 얼마나 쓰셨죠?"

"최하 16년 이상 됐을걸요."

그랬더니 기사는 고개를 설레설레 저었다.

"제가 냉장고를 고치러 많이 다녔지만 이런 모델의 냉장고는 처음 봅니다. 아마도 20년 이상 된 것 같습니다."

"맞아요. 지금부터 제가 이 건물로 이사 올 때 누군가가 버리고 간 것을 제가 아까워서 들여다 놓고 지금까지 조심조심하면서 계속 사용하고 있었답니다."

이 원장과 고장 난 냉장고를 다시 또 조심스럽게 살펴보는 기사에게 이 원장이 정중히 물었다.

"어디가 어떻게 고장이 났는지요?"

기사는 고개를 가로저으면서 칼 같은 '사형선고'를 내렸다.

"이 냉장고는 가스가 생명인데, 그것이 떨어진 것이기 때문에 이미 끝장입니다."

이 원장은 평소에 식사를 하다가도 쌀 한 톨이나, 밥풀 하나가 땅바닥에 떨어져도 그것을 농자(農者)들이 여든여덟 번 수고한 결과라고 생각하며 소중히 여겼다. 그뿐 아니라 이 원장 연구실에 있는 대부분의 사무용 집기들과 화분들이 모두 다른 사람들이 폐기처분해 내다 버린 것들인데 손재주도 없으면서 아끼고, 절약하는 마음으로 이것저것 갖다가 모아놓았다. 이렇게 모든 사물을 아끼고 있는 이 원장에게 그 기사는 이 냉장고는 오늘로 생명이 끝장이라고 사형선고를 내려놓고는 냉정하게 돌아가려고 하자 속에선 열불이 올라오는 것을 간신히 참으면서 그래도 이 냉장고를 사용할 수 있는 비책을 가르쳐 달라고 고집을 부렸더니 기사는 가당치 않다는 표정으로 한마디 툭 내던졌다.

"이 고물 냉장고는 절대로 쓸 수 없습니다. 1% 정도의 기적 같은 방법이 있다고 한다면 일단 전원코드를 빼 놓고 있다가 24시간 뒤에 전원을 넣고 다시 가동을 해보세요. 사람으로 비교한다면 심장마비가 됐을 때, 충격을 주는 방법과 같은 겁니다."

이 원장은 3일 동안 간절한 마음으로 기도하면서 기다린 뒤에 가동을 시켰는데 그때부터 해가 바뀌어도 별 탈 없이 잘 돌아가고 있었다. 어느 날 그 서비스 기사가 다시 와서 살펴보고는 기적이라는 말이 실감 난다고 하면서 혀를 차면서 돌아갔다.

79. 30년간 건강하게 살 수 있는 용신처방
- 체면불구 찔통을 매고 100일간 일하면 명운이 이어질 수도

　어느 날 중후하게 생긴 50대 후반의 중년 신사가 먼 곳에서 지인의 소개를 받고 혼자서 조심스럽게 찾아왔었다.

　순간적으로 그 사람의 몸에서 나는 향기와 에너지를 감지해본 결과, 예의 바르고 사회적인 신분까지도 높은 부류에 속한 사람이었다.

　대부분 명예가 높아지거나 신분이 상승할수록, 절친한 죽마고우라고 할지라도 개인적인 사생활의 모습이 훤히 드러나 보이지 않으려고 하기 때문에, 신분이나 명예가 높은 그들이 무엇인가 의논하고 참고하면서 지혜를 얻고자 하려면 대부분 비밀이 보장되는 자신의 집무실에서 만나길 원하거나, 아니면 신분이 노출되지 않는 편안한 장소에서 만나면 어떻겠냐고 사람을 앞세워 정중한 자세로 다가오는 것이 상례(常禮)다.

　이 원장에게도 인천에서 함께 훌륭하신 부모님 슬하에서 가정교육을 잘 받으면서 성장한 죽마고우가 7명이 있다. 그 친구들은 서로가 상대방을 배려하는 자세가 몸에 배어있기 때문에 사전에 미리 연락하고 만나는 매너를 갖고 있다.

　혈통이 좋아 보이는 그 사람의 사주 명국 및 이름과 몸 전체에서 풍기는 면모를 보면서 이 원장은 먼저 덕담부터 한마디 건넸다.

　"80대에도 노익장 소리를 들으며 젊은 사람처럼 일하면서도, 여행도 언제라도 마음만 먹으면 수시로 다니실 수가 있겠네요."

"감사합니다. 지금 건강상태로 보아서는 그럴 것도 같습니다."

"4주(四柱)에서 3주에 역마살이 있으니 운송업+건설업+광산업이 모두 혼합된 일로 보이며 5, 6년 전부터 지금 현재까지 그 사업에 투자한 금액이 꽤 크고 많은 액수인 모양인데, 그것이 마치 '밑 빠진 항아리에다 물 붓기'식의 운영 같아 보입니다. 아마도 3, 4월에는 세무서에 폐업신고를 해야 할 입장이 될 것 같네요."

"선생님! 제 인생의 명운이 여기에서 끝장나는 것은 아닐까요?"

그가 침통하게 묻는 말에 이 원장은 찰나적으로 그가 앞으로 당해야 할 장면들을 그 당사자로부터 시작해서 가족 구성원들과의 연관된 모든 문제와 그 외에 여러 가지 다양한 모습을 떠올려 보았다.

그것들은 종내(終乃)에는 참담하고도 슬프며 가슴을 저미는 결과로 끝날 것 같은 영상들만이 눈앞에 아른거렸다.

그때, 매일 매시간 모든 것의 주인인 우주자연=신불(神佛)에게 맡기고 생활하고 있는 이 원장은 찰나적으로 관음보살님과 천지신명(天地神明)께 납작 엎드려 '이 중생을 보살펴 주시옵소서.'라고 기도하면서 자신의 생명까지도 제물로 올릴 각오로 기도를 하였다.

"죽기보다 어려운 일이요. 상상도 못 할 일입니다. 그러나 당신은 내일 아침부터 그 현장에서 누가 뭐라고 말을 하든 말든, 이면 체면을 따지지 말고 일일 노무자로서 찔통을 메고 100일 동안 119차에 실려서 가게 되더라도 반드시 그 힘겨운 일을 마무리하시길 바랍니다. 이것이 선생의 명운을 이으며 앞으로 30년 이상을 건강하며 행복하게 살아가실 수 있는 생활(生活)을 통한 용신(用神)처방입니다."

80. 지극한 정성은 하늘도 움직여
- 생명까지도 바치는 기도라야 소원이 성취된다

지난해 6월 말일쯤, 60세 정도로 보이는 부인이 찾아왔다.

그날은 고대(古代) 천문(天文)현상으로서는 비가 틀림없이 오는 날이었는데 아마도 기상청에서는 보는 위성사진으로는 비 올 확률이 없어 예보를 안 했던 것 같았다. 그 부인은 온몸에 소낙비를 흠뻑 맞은 상태에서 상담실로 급히 들어서자마자 사주팔자를 봐달라고 했다.

이 원장은 평소 가정을 형성하고 있는 사람들에게는 부부의 모든 자료를 참고하며 아무리 나이가 많아도 독신(獨身)인 경우에는 그 사람과 연관된 부모님의 모든 자료를 참고해서 판단한 뒤에 최선의 해결책을 찾아내어 상담하고 있다.

"남편께서는 바다와 연관된 직장에서 기술자로 있다가 작년 늦가을에 퇴직하고 나와서 쉬고 있나 봅니다."

"…네. 수산물을 저장하는 냉동실에서 근무했죠. 그런데 그보다 더 중요한 일이 있어서 찾아왔…"

이 원장은 순간 손을 들어서 그녀가 더 이상 말하려고 하는 내용을 정지시켰다.

"잠깐… 남편께서 생사(生死)를 가름할 사건이 생겼나 봐요?"

"그것을 어떻게 아, 시, 는…지…요?"

이 원장은 35년 전부터 매일 매시간을 일기 쓰듯 메모하며 모든 일과 비교해 보는 습관이 있었는데 그 결과 이 세상의 모든 일은 우주의 질서가 있어서 그 사이클이 길고 짧을 뿐, 모두가 그 나름대로 일정한 주기(週期)를 형성하고 있다는 것을 알아냈다.

그의 남편이 태어난 날은 간지력(干支曆)으로 환산(換算)해보면 신해(辛亥)일(日)로서 생년간지에는 비겁과 인성의 별과, 월간지에는 인성과 식상의 별이 있기 때문에 아들을 낳지 못해 부인에게 엄청난 스트레스를 주었을 것이라고 판단됐다.

또 배우자궁에는 도화살과 고란살이 합세해 함께하고 있었기 때문에 부인에게 큰 고통을 안겨주면서 평생을 살아왔을 것이라고 유추(類推)할 수 있었다.

또 그 부인의 사주에서는 배우자 궁에 편관의 별인 인(寅)이 있어 그의 남편은 옹고집으로서 매우 신경이 예민하고 날카로운 에너지의 파장이 발산되고 있음을 감지할 수 있었다.

그들에게는 조상 중에 한이 많아 구천을 떠돌던 객귀(客鬼)가 그들의 자택 어두운 지하실에서 그의 남편을 호시탐탐 기다리고 있다가 정해년 정해(丁亥)일 해시(亥時)인 오후 10시에 그 남편을 묶어 실신(失身)케 했던 것이다.

"시댁의 할머니가 두 분이 계셨는데 한이 많아 돌아가신 할머니 한 분과, 또 두 분 사이에 자식으로 태어날 태중(胎中)의 영혼이 편안한 곳으로 못 가고 항상 집 부근을 맴돌고 있었습니다. 그러나 평소에 두 분이 이웃 사람들에게 음덕을 베풀고 적선(積善)한 공덕이 하늘까지 감응(感應)했던지 손자 같은 아들을 막내둥이로 낳아 기를 수 있도록 한 것 같네요."

그는 순간 벌떡 일어나서 하늘과 그 한이 많은 영혼들을 향한 마음으로 넙죽 이 원장에게 절을 하고 또 절하고를 몇 번인가를 반복했다.

"지금 하신 것처럼 한 많은 영혼들과 그동안 살아오는 동안 알게 모르게 잘못한 모든 일들을 반성하고 참회하는 자세로 종교의 형식과 관계없이 자신의 몸과 마음을 낮추고 매일 한 번 이상 장소가 허락하는 대로 100일 동안 108번씩 절을 해보세요. 입으로만 하는 기도는 별로 효험이 없답니다. 진정으로 나의 모든 것과 생명까지도 하늘과 신불(信佛)께 바치는 지극한 정성이 담긴 자세로 공양(供養) 올리면 하늘에서 좋은 결과를 주실 겁니다."

그 부인은 그 즉시 18세의 청순한 낭자(娘子)가 된 것처럼 파란 꿈을 머금고 돌아갔다.

그 후 산소 호흡기로 생명을 유지했던 의식불명의 식물인간 같던 남편이 21일쯤 지날 무렵 일반병실로 옮겨갔다고 하면서, 전화로 감사하다는 소식을 전하더니 일주일 뒤에 그 부인은 네 딸과 사위들. 그리고 막내아들이 군에서 제대했다고 하면서 함께 와서 감사한 마음의 인사를 했다.

81. 약 70명의 사주팔자가 똑같다. 부모님과 지역적인 환경, 이름에 따라 부귀빈천이 달라진다

2003년 12월 눈이 내리던 날 충남 아산에서 50대의 여성이 다급한 목소리로 전화를 해 직접 찾아가서 상담을 할 입장이 못 되니 우선 전화로 상담하고 싶다고 했다.

이목영 원장은 생사와 관계된 문제가 아니라면 좋은날 직접 만났으면 좋겠다고 했더니, 생사 문제라고 하면서 재촉했다.

그녀는 1955년 정해(丁亥)월 계해(癸亥)일 태어났다.

대부분 1971년 이전에 태어난 사람들은 그 이후부터 2008년 현재까지 출생하고 있는 사람들과 비교해 보면 생년월일시가 다소 명확하지 못한 사람들이 있어서 1971년생을 분기점으로 해서 그 이전에 출생한 사람들의 출생한 시(時)에 대해선 통계수치에서 뺀 출생년, 월, 일만을 자료로 분석해놓고 있는데 그 통계분석과 적중률에 대해서는 상담했던 사람들 대부분이 경탄하고 있다.

최근 40년 동안 통계청의 인구조사 결과 남북한 인구 7천만 명 중 사주팔자가 똑같은 사람이 약 140명이며 다시 남녀로 구분하면 남녀 각각 약 70명이 된다.

이러한 통계치를 기본으로 하면 전화로 상담하고자 한 사람과 생년월 일이 같은 사람은 1,680명이나 되며 그 여성과 유사한 운명의 소유자가 약 840명이나 있다는 결론에 이른다.

그래서 이 원장은 명상가로서 사주팔자가 똑같은 사람일 경우라도 그것을 세분화하고자 40년간 고뇌한 만큼 그 사람이 어느 날, 어느 시에 상담하러 왔느냐에 따라서 '대인(大人)은 대길(大吉)이요, 소인(小人)은 대흉(大凶)'으로 분류한다.

즉 형이상학적인 모든 것을 포함해 형이하학적인 체형과 관상 및 모든 행동과 그가 현재 어떠한 일을 하고 있으며 어떠한 부모와 연관돼 있고, 이름이 무엇인가에 따라서 그 해법과 처방법이 180도 전혀 다를 수도 있다고 보고 있는 것이다.

"지난 2002년과 2003년부터 '생사이별수'에 있으니 살아계시는 것만이라도 기적입니다. 하늘에 감사하세요."

"네 맞아요. 제 남편하고 재작년과 작년 사이에 이혼을 했고요, 딸은 미국에 유학을 보냈고요. 또 은행과 사 금융권에서 담보 대출로 30억 원 정도를 공장에 투자했는데 적자를 계속 보기에 몇 군데 점을 보러 갔더니 운을 잘 풀리게 해준다고 해서 괜찮을 줄 알았는데 지금 당장 거리에 나앉게 됐으니, 당장 어떻게 해야만 좋을 건지 막막합니다."

정말 급박한 사정이었는데 그 순간, 이 원장은 본인과 연관된 모든 사람들을 위해 지극한 정성과 기도를 드리고 있는 수평적인 방향을 포함한 유동적인 방향 즉, 이 원장의 호법신장과 천신들께서 그림자처럼 항상 함께하고 계시는 도장(道場)을 향해 마음의 방향을 맞추어 함께 하늘에 108배를 올리자고 제의했다.

이 원장도 그 즉시 도장에서 생명이 마감이 될지라도 모든 것을 다 바쳐 드리겠다는 마음으로 108배를 머리 조아리면서 그녀가 부디 편할 수 있는 길로 인도되길 발원했다.

다음날 그녀가 환희에 벅찬 음성으로 전화를 걸어왔다.

"선생님! 채권단에서 잠시 보류한 뒤에 다시 검토해 보겠다고 연락이 왔습니다. 고맙습니다."

두 달 뒤쯤 그녀는 약간의 여유가 있는 모습으로 딸과 함께 인사를 와서 공장이 잘 돌아가게 지어준 상호로 법인체명을 변경, 등록했다고 하면서 별도로 감사의 표시를 해왔다.

82. 천문의 이치를 풀어보니…

- 자식을 성인될 때까지만 조부모께 맡기면 20년 후 온 가족이 행복

20여 년 전 정초에 중년 부인이 상담하러 왔다.

그분은 신묘(辛卯)년 임진(壬辰)월 22일 06시쯤일 것이라고 했다.

사주팔자를 신중하게 풀어보니 생년에는 재물별과 학문별이 상극하고 있었고, 생월에는 남편의 별과 자손의 별이 서로 상극하고 있었으며 생일인 자신과 배우자를 나타내는 부부궁과 자손궁이 '꽝!' 하고 서로 크게 충돌하면서 동시에 여러 측면에서 또 충격을 받아 근본인 뿌리 자체가 흔들리고 있는 형상과 같았다.

이 원장은 고대천문학을 근간으로 하는 학설에 뿌리를 두고 상담하고 있다. 태양계에 소속돼 있는 지구는 태양을 따라서 북극성을 중심으로 28별이 있는 황도(黃道)대를 일정한 속도로 돌아가고 있다.

이러한 우주의 비밀을 국조(國祖) 단군 할아버님 47분들께서는 후손들에게 은연중에 일러주시기 위해 천문의 축소판인 윷놀이문화를 통해 윷판 28개 점과 중앙에 1점(북극성)을 중심으로 하여 오른쪽에서 왼쪽으로 돌아가고 있는 도·개·걸·윷·모 즉, 오성(五星)과 태양+달=칠요(七曜)=일주일을 상징하는 7별들이 돌아가는 궤도인 28수(宿)(고대 동양 천문학에서는 28수라고 학명으로 했고 서양에서는 똑같은 별자리들의 위치를 12황도궁 별자리라고 했다)인 12황도대(黃道帶)를 항상 돌아가고 있다는 천문의 이치를 후손 대대로 윷놀이를 통해 가르쳐주시고 있는 것이다.

이 원장이 사주를 풀어볼 때는 우주자연의 기본요소인 1년 4계절=봄·여름·가을·겨울/4방향= 동·서·남·북/4상=소음·노음·소양·태양/불법에서의 인체구성요소 4대 등이 조화를 잘 이루고 있는가를 종합적으로 세밀하게 분석해 놓은 뒤에 상담한다.

"아하! 이를 어쩌나, 지금 머물고 있는 10년 동안의 자전(自轉)대운이 자손과 관계를 어렵게 하고 있는 중인데 또 1987년 공전(公轉)운세가 더 흉한 쪽으로 합세해 7~8월에 자손을 잃는 가슴을 찢어내는 일이 있었겠네요?"

"네, 맞아요!"

그 순간 그녀는 참고 있던 눈물 보따리를 여름철 소나기처럼 몽땅 쏟아 놓으면서 오열했다. 지난여름에 가장 사랑하는 자손이 물에 빠져 익사, 가슴에 묻고 살아가고 있다고 했다.

그녀의 사주팔자에는 첫째 년 간지(干支)에서 발산되는 별빛에서는 자손을 낳아도 기르기 어렵다고 돼 있었으며 둘째, 출생한 월 간지에서는 십중팔구는 부부의 생사 이별을 암시하고 있었다.

"부부가 떨어져 사는 직업을 선택해 보세요. 자손을 건강하며 훌륭하게 키우고 싶다면 조부모님이나 친척집에서 성장하도록 하세요. 20년 후부터는 모든 식구들이 한 집에 모여서 오손도손 행복하게 살아가게 될 것입니다."

83. 5년간 운 좋아 오만방자, 조강지처 학대멸시, 하늘이 심판 시작해

어느 날 70세 정도로 보이는 노년의 부인이 왔다.

그녀는 아들과 며느리, 손자 손녀들은 물론이고 형제자매 모든 가족들의 생년월일시를 메모해온 것들을 건넸다.

"저는 인생 진로, 직업, 학과전공, 궁합, 택일, 작명, 개명을 집중적으로 상담하기 때문에 하루에 2~3명 전문적으로 상담하는데 아마도 7일 정도는 더 걸릴 것 같네요."

"가끔 어디 가서 신점(占)을 보면 입으로 줄줄줄…. 온 가족에 대해서 한 사람당 한마디씩 하면 잠깐이면 되던데요."

"오늘까지 살아오신 모든 일들이 단 몇 마디로 표현할 만큼 잠깐은 아니었을 겁니다. 인생사 모두가 기기묘묘해 쉬운 것이란 한 가지도 없는 법이지요. 저는 40년간 고집스럽게 과학적인 통계와 분석한 자료들을 기본으로 해 가장 현실적인 것만을 상담하고 있습니다."

대부분의 사람들은 명상가(命相家 · 옛적에는 의(醫)=의사, 풍(風)=지관, 명(命)=역리사 3종류의 일들을 모두 겸했었다.

중국의 문화혁명과 전 세계적으로 직업이 다양화되고 세분화되면서 의학을 제외한 모든 일을 하는 사람들을 중국에서는 존칭함)가 하는 말이 그들이 희망하는 말과 똑같길 원한다.

그러나 욕심이 지극하면 할수록 스스로가 원하는 답과 다르면 선무당 취급을 하고 떠난다.

"그렇다면 먼저 제 영감님과 저의 사주를 보아 주세요."

"최근 약 5년 동안 세상만사가 뜻대로 잘 돼 하늘과 조상이 무서운 줄 모르고 오만방자하면서 희희낙락하게 살다 보니 하늘이 크게 노해 작년부터 생사로 이별할 신벌(神罰)을 집행하기 시작했으니 지금 이 시간까지 목숨만이라도 살아 있다는 것을 하늘과 조상님께 감사하세요."

그러자 그 부인은 순간 벌떡 일어나서 망부석처럼 멍하니 서 있더니 이내 방바닥에 털썩 내려앉으면서 어린아이처럼 한동안 엉엉 울어버렸다.

그녀의 하소연에 의하면 남편은 70대 노인인데 작년부터 젊고 예쁜 여성에게 정신을 몽땅 빼앗겨 평생을 함께 살아온 조강지처인 그녀에게 '이혼하자'고 강요하고 있으니 아들 내외 및 손자들과 집안 일가친척들이 알까 봐 걱정이 태산 같다는 것이다.

"인간이란 성공한 만큼 명예와 재물, 그 외 모든 탐욕을 위해 알게 모르게 마음과 말, 행동으로 이웃들에게 상처와 피해를 주거나 은연중에 죽음에 이르도록 할 수도 있는 법입니다. 이러한 모든 잘못과 모든 죄를 진실로 참회하고 속죄하기 위해서는 목숨까지도 내놓겠다는 마음과 행동으로 오늘부터 100일 동안 편안한 장소와 시간에 온몸이 땅바닥에 닿도록 108번 절을 하면서 하늘과 조상님께 정성을 올려보세요."

별도로 그녀가 쉽게 실행할 수 있는 비책을 손에 콕 쥐어주어서 말하길 21일 뒤부터는 얼음이 봄눈 녹듯 하면서 100일 이후에는 모든 것들이 눈에 보일 만큼 예전으로 되돌아가고 있다는 것을 피부로 느끼게 될 것이라고 큰 희망과 용기를 안겨 주었다.

84. 생사여탈권 타고난 아들

- 환경에 따라 도살자가 될 수도 있으니 잘 양육해야 큰 인물 돼

어느 날 중년 부인이 지인의 명함을 들고 찾아왔다.

상담은 우선적으로 의뢰인들을 편안하게 하고 짧은 시간에 되도록 그 사람의 많은 면모를 읽는 것이 무엇보다 중요하다. 종합병원처럼 모든 면모를 종합적으로 살펴본 뒤에 그 결과에 대해서 상담하고 있는 것도 하늘로부터 내려받은 팔자소관의 소명 때문인 것 같다.

춘추전국시대의 손자병법의 저자 손빈 선생의 육임신과 금구결과 삼국지에서의 제갈공명의 기문둔갑 비법 및 수많은 사주팔자 비전인 경서(經書)들을 보면 어떠한 사람이던지 그 몸 안에는 그림자처럼 24시간 함께 하고 있는 혼령이 있는데 그 사람의 모든 면모와 수준에 따라서 천차만별로 천신(天神)과 신장(神將)들이 함께하고 있다고 했다.

약 40년 경험에 의하면 10년 전에 상담하러 왔던 그 사람에게 꼭 필요한 생활용신 비법을 적용해 살아가도록 권유했던 사람들이 그렇게 실천한 10년 후에 다시 찾아왔을 때 그 사람과 함께하는 천신과 신장(심령학에서는 지도령과 보호령이라고 표현하기도 함)이 한 차원 이상 높아진 것을 많이 볼 수 있어서 하늘에 감사하고 있다.

"상담하러 오신 오늘과 시간에 의하면 학위증이나 자격증 또는 집문서 문제 등으로 나타나 있는데 또, 정반대가 되는 차원으로는 자손에 대한 사정도 있는 것 같네요?"

"제 나이가 중년인데 뒤늦게 가을에 대학을 졸업하게 되며 복지사 시험에 합격해 이 달에 자격증을 받게 돼 있습니다."

"자손에 관한 문제라면 그 자손이 지금 살아있다는 것이 기적입니다."

"어찌 우리 아들 사주를 보지 않고도 그렇게 알 수가 있는지…."

"부인처럼 천신과 신장이 선명한 사람들은 다른 사람들에 비해 거울처럼 볼 수도 있답니다. 즉 역리학(易理學)은 천문학이며 우주자연의 이치를 논한 학문이기 때문에 10년 이상 공부하고 연구하면 동남풍과 북서풍이 불며 비 오는 날까지도 정확하게 예측할 수 있는 최고도의 천문과학이랍니다."

이 원장은 그 부인이 가슴에 숨겨 놓고 있는 아들에 대해서 마음을 열어 놓고 함께 문제를 풀어 보자고 하면서 '경험이 많은 상담사들은 결코 상대방이 내놓는 문제에 대해서만 거론하지 다른 부분은 절대로 말하지 않는 법'이라고 일러주었다.

또 상담을 의뢰하는 사람이 문제를 제시하는 것만을 상담해주는 이유는 그분의 사생활의 비밀을 지켜주고 인격적으로 예우해주려는 높은 뜻이 있기 때문이라고 설명했다. 그러므로 그녀가 종합적으로 모든 것을 실행하고 지키려는 뜻이 있다면 최대한 모든 방법을 총동원해 도움을 줄 수도 있다고 일러주었다.

그 아들의 생년월일시와 이름, 그리고 그 부인의 얼굴에서 자손궁을 보니 그 자손은 부모와 함께 있었다면 이 세상에 없었을 터인데 어쩔 수 없는 환경 때문에 할머니 댁에서 생활하고 있어서 다행이었으나 막가파식으로 살아가고 있었다.

"아하! 아들은 총, 칼을 차고 있는 생사여탈권을 쥐고 이 세상에 왔으니 오늘부터 그러한 인물이 될 수 있도록 환경을 만들어주세요. 사람과 물은 환경 따라갑니다. 그러므로 지금처럼 절제 없는 생활을 지속하게 되면 마구잡이로 생명을 죽이는 도살자가 될 수도 있으니 명심하시기 바랍니다."

85. 조상님 제사 정성껏 올리라했건만…
- 남편과 아들을 하늘로 보낸 여인 거기에 큰 아들까지…

오래전 봄에 한 중년 부인이 상담하러 왔다.

'어떤 문제를 상담해 드릴까요?'라고 하자 그녀는 마치 진검으로 생사를 가름하자는 듯 마구잡이로 화살을 쏘아댔다.

상담할 때는 모든 것을 우주자연에다 맡겨놓은 무아상태로 병원에서 문진(問診)하듯 방문한 사람에게 상담을 받고자 하는 내용을 묻는다. 즉 점을 치는 방법과는 180도 다른 방법으로 상담하고 있다. 인연된 사람들이 장차 꼭 성공할 수 있는 행복한 삶을 설계도에다 직접 도안해 소중하게 받아 간직하게 하고픈 일념에서다.

"왜 왔는지를 족집게처럼 집어내야 하는 것 아니에요?"

그녀는 날 선 칼 같았다. 이럴 때는 그 순간 찰나적으로 우주자연과 하나 되는 직관법이 자신 모르게 그 즉시 발동한다.

"오늘 일진과 그러한 시진(時辰)에 오신 걸로 보면 자손에 대한 문제와 남편과의 관계된 문제로 오신 것 같네요?"

"아이고! 선생님. 진작 그렇게 말씀하시지요."

그녀의 말에 의하면 그 남편은 하루 종일 집안에서만 있으면서 술만 마시며 밤낮의 구별 없이 잠들기 전까지는 계속 돌아가는 녹음테이프처럼 연속해서 노래를 불러대는데 똑같은 음조 때문에 이웃 사람들이 너무 불편해하고 있다는 것이다.

직업적인 전문가수가 노래를 부르거나 흥겨워서 부르는 노래가 아니라면 그것은 무주고혼이 되어, 구천을 떠도는 어둡고 추우며 배고픈 영혼들의 파장이 그 당사자의 소화기인 비위(脾胃)장의 DNA와 주파수가 동조될 때, 그에 관한 혼령이 빙의(憑依)되어 노래를 부르게 되는 고차원적인 신경성 질환으로 보고 있다(수평적인 차원에서 볼 때 옛 의서를 보면 간담과 연관된 정신병은 사람을 부르고 심장에 정신병은 히죽히죽 웃고 혼자 말하며 허파에 병들면 슬피 울고 신장에 정신병들면 무서워 몸을 떤다고 했음).

"왜 시댁과 친정 조상님들 제사를 멸시합니까? 부인은 딸이면서 며느리이며 어머니로서 조상님들을 무시하면 부인도 늙어서 자손들에게 멸시받게 되는 것이 우주의 법칙이랍니다. 만약에 올해부터 돌아오는 조상님들 제사를 오후 11시 30분에 올리지 않는다면 아마도 남편과 가장 아끼는 자손 1명을 다시 만나볼 수 없는 곳으로 보낼 일이 3년 동안 연속으로 발생할 수도 있으니 올해부터 정성껏 제사를 올려 보세요."

"저는 남편 수발하면서 3남 1녀를 공부시키고 있기 때문에 제사를 드릴 만큼의 마음과 경제적인 여유가 없습니다. 또 교회를 다니기 때문에 제사를 지낼 필요가 없을 것 같네요."

"부인처럼 조상님들께 꼭 제사를 정성껏 올리겠다는 마음이 없으면 그렇게들 말씀하십니다. 양가(兩家)의 조상님들은 부인의 정성어린 손으로 지은 따뜻한 제사음식 받으시길 갈망하고 있습니다. 그렇게 하면 남편의 건강은 점차 좋아질 것이라고 메시지를 보내고 있습니다."

그 후 2년이 지난 정월에 그 부인은 하얀 리본을 달고 신년운세를 보러 왔다. 남편과 서울 최고의 명문고를 다니며 3년째 장학생인 둘째 아들을 하늘나라로 보낸 그녀를 보자마자 목소리를 높였다.

"이런! 천하에 멍청한 여자가 다 있는가?"

순간 그 부인은 납작 엎드려 울면서 두 손 모아 싹싹 빌었다.

"하늘보다 높은 남편과 나라의 큰 일꾼이 될 아들을 보살피지 못한 그 크나큰 죄를 생명이 끝날 때까지 지금처럼 매일 참회하면서 살아 가세요."

이어서 그날도 남은 자손들이 행복하게 살아가기를 원한다면 조상 제사를 꼭 올리라고 또다시 일러 주었건만 늙어서 죽을 때까지 고생 하면서 살기를 작정한 듯한 대책 없는 그녀는 그해 초겨울에 또 큰아 들을 정신병원으로 보냈다면서 울먹이면서 전화로 자신의 신세를 한 탄했다.

86. 출산택일은 하늘이 할 일을
   잠시 대행하는 것

어느 날 지성미가 은은히 풍기는 노년의 신사가 찾아왔었다.

그는 안주머니에서 메모해 온 것을 내놓으면서 20여 일 뒤에 출생할 손녀의 출생일을 택일 받으러 왔다고 했다.

그 내용을 천천히 살펴보았더니 그 병원에서 출산을 담당할 의사는 3번째 주 수요일과 금요일, 그리고 4번째 주 수요일과 금요일로 4일만 날을 정해준 것을 보면 의과대학 교수임을 알 수 있었다.

또 그 노신사의 음성은 넓은 평야에서 은은하게 들려오는 평온한 음색이었다. 그것은 이 세상 모든 것을 있는 그대로 모두 다 포용하고 받아들일 수 있는 토성(土性)의 성품이었으며 그의 상모는 관록에 좋은 상인데 그 관록이 문(文), 무(武)중 문인의 특징으로서 눈꼬리가 내려가 있으면서 눈에 총기가 서려 있었으며 눈썹 및 다른 부분들은 서로 조화를 이루고 있었다.

"출산은 하늘의 뜻에 따라야 가문의 안녕이 이어집니다. 인간적인 얄팍한 욕심으로 하늘의 명령을 거역하면서 인위적으로 출산택일하면 부탁하신 손님과 저는 천벌(天罰)을 받을 수도 있습니다. 다행히도 담당 의사가 4날을 지정해 주어서 저의 마음은 편안합니다. 4일 중 출생할 좋은 날을 선정하려면 태어날 아기와 연관된 주변 사람들에 관한 충분한 자료를 주셔야 하며 택일하는 작업은 아기와 연관된 사람들의 바이오리듬과 그 가족들 간에 사주팔자에서 발산되는 파장들 중에서 서로 상충하는 흉살(凶殺)들을 완화시키거나 풀어서 조화롭게 해야 되므로 최하 3일에서 7일 정도의 시간이 소요될 것입니다."

그가 건네준 메모에는 의사가 지정해준 4일의 날짜와 그의 아들 내외의 출생년월일시, 그리고 참고할 내용들이 자세하게 기록돼 있었다.

이들의 사주명을 풀어보고 이 원장은 자신의 일처럼 환희에 찬 모습으로 하늘을 향해 큰소리로 웃었다.

"선생의 조상들께서는 이웃에 많은 사람들에게 음덕을 베풀어서 엄청난 복을 지었나 봅니다. 그 복진 열매가 이 아기 세대에서 열리나 봅니다. 앞으로 30년 이상 더 사서야 그 경사를 보겠으니 건강을 유지하시길 바랍니다."

"조상님들의 가업을 할아버지 대까지 이어받아 정미소를 경영했는데 그때 굶주리고 배고픈 이웃 사람들에게 양식을 나누어 주셨던 일들을 지금도 기억하고 있습니다."

"조상님들이 이웃에게 베푸신 복덕으로 선생께서는 평생 공직에 근무하면서 그 유전인자로 인해 종교가보다도 더 깨끗하고 착한 아들을 낳아 어렵지 않게 양육할 수 있었으며, 또 그 아들과 천생연분이 된 복덩어리 며느리가 입가(入家)해 손녀를 잉태, 산달이 됐는데 태어날 그 손녀는 장차 국가기관에서 사람의 생명을 좌지우지하는 업무를 담당하게 될 것이며 거짓된 말과 행동을 하는 사람을 제일 싫어할 것이니 양육함에 꼭 참고하시길 바랍니다."

정중하게 인사를 한 후 되돌아가는 그의 발걸음은 마치 씩씩하고 활력이 넘쳐흐르는 3군 사관생도의 보무(步武)가 당당함과 같았다.

87. '술고래' 남편 사주 풀어보니…

- 물로 돌아가신 조상님의 한풀이

장마가 한창인 7월 어느 날 50대 후반의 부인이 예약을 하고 찾아왔다.

일반적인 입장에서 보면 이웃에서 편안하게 만나볼 수 있는 젊은 할머니 같은 분위기였다. 그러나 근엄한 위엄이 주변을 감싸고 있는 그런 풍모를 갖고 있었다.

이 세상 모든 이치가 유유상종(類類相從)함으로서 그 부인의 남편은 사회에 일익을 담당하는 인사임을 알아볼 수 있었다.

그 부인이 메모해준 남편과 본인의 생년월일시 및 두 내외의 이름, 그리고 그녀가 방문한 날짜 및 시간을 상담 차트에 기록하면서 이 원장은 사주팔자와 이름을 세밀하게 풀어놓았다.

"저의 남편은 술을 즐기고 마시는 정도를 넘어서 365일 매일, 아니 366일 마셔댑니다. 병 들고 더 늙기 전에 그 습관을 바꿀 수 있는 좋은 방법이 있으면 일러주십사 하고 찾아왔습니다."

이 원장은 간단하게 한마디로 방법을 일러주었다.

"조부모님의 제사를 밤 11시 30분에 정성껏 지내보세요."

그의 남편 사주팔자에서는 조부모님의 별을 찾아볼 수가 없었다. 이런 경우에는 대부분 그 어른들을 보지 못했거나 기억이 희미해 그 모습을 그려볼 수 없는 사람들이 많은 편이다.

또 사주를 자연 현상에 대입해보면 명운 자체가 물이 철철 흘러넘치는 현상을 나타내고 있음으로 평소에 목욕이나 수영하기를 좋아하며 바닷가나 강가에서 물놀이와 물고기 잡는 낚시를 즐기는데 이러한 사람들은 특히 여름철에는 더욱 더 물 조심과 술 조심을 해야만 되는 사주의 명운이다.

"조부모님 제사를 잘 받들어 모시면 남편이 366일 술을 마시지 않게 되나요?"

"그렇습니다. 남편은 조상님들의 한(恨)이 많은 파장과 동조돼 있기 때문에 그들을 대신해 한을 술로 풀고 있는 것입니다. 사주팔자에 물귀신이 너무 많아요. 적지 않은 조상님들이 물과 불로 돌아가신 것으로 나타납니다."

한이 많은 조상님들이 하늘에서 편안하지 않으면 남편께서는 물로 인한 피해를 항상 입게 돼 있으며, 자신의 몸으로는 신장 방광 간장 담랑과 심장에 관한 병이 생기게 되며 외부적으로는 항상 주택이나 기거하고 있는 곳에는 수재(水災)에 관한 피해가 항상 뒤따르며 특히 여름에는 물난리를 겪게 되는 것이라고 설명해주었다.

"어머! 작년과 올해에 연속해서 물난리를 치렀습니다."

그녀의 말에 의하면 작년 이때쯤에는 장대처럼 비가 쏟아져 내렸던 날에 거처하던 곳에 하수도에서 역류 현상이 일어나 컴퓨터와 전자제품들이 침수됐고 특히 컴퓨터에 입력해 놓은 중요한 자료들을 모두 잃어버려서 다시 1년 동안 복구 작업을 완료했는데 또, 얼마 전에는 날씨가 쾌청한 날 오후 2시쯤에 하수관에 고여 있던 물이 압력에 의해 가스가 발생하면서 갑자기 하수도의 물이 역류 현상에 의해 기거하고 있었던 장소에 집기들이 침수됐던 일이 있었다고 했다.

"그렇다면 그것이 사주팔자와 관계가 있다는 건가요?"

"그렇습니다."

이 원장의 연구 분석한 바에 의하면 사람들이 태어날 때 주어진 년월일시 사주팔자는 하늘의 수많은 별들 중에서 어떤 별의 에너지를 받고 출생했느냐에 따라서 천차만별의 인생을 살아가게 된다는 것이다.

만약 수기(水氣)의 별 에너지를 많이 타고나면 물과 연관된 일을 하거나 밤과 연관된 일을 하거나 또는 표면적으로 나타나지 않은 직업을 갖고 있으면서 국가와 사회를 위해 봉사하고 헌신하는 일꾼들이 많이 있는데, 이들에게 모두 같은 특성이 있다면 술과 목욕을 즐기며 물이 있는 곳, 밤, 어둠, 조상, 귀신, 검은색 등과 연관돼 있다는 것이다.

88. 편견된 지식의 맹신은 미신
- 불가능한 것은 경쟁률이 낮다는 맹점이 있지요?

2년 전 40대 후반의 남자가 온몸에 어두운 영혼을 대동하고 연구소를 찾아왔다.

오래전부터 상담하고 싶었지만, 도무지 용기가 나질 않아 방문하지 못했다며 땅이 꺼질 듯 한숨을 내리 쉬었다. 일단 차를 함께 나누어 마시며 짧게 우주의 법칙에 관한 내용을 일상적인 일처럼 쉽게 설명해 주었다.

"사주팔자를 연구하는 명리학에서의 천간(天干)은 수직적으로는 시간을 관찰하는 우주의 순환운동. 즉, '4계절인 봄, 여름, 가을, 겨울이 원활하게 순환하고 있는가?'를 헤아려보는 천문학이며 지지(地支)는 수평적인 견해로서의 공간적인 장소. 즉 동, 서, 남, 북 4방과 이들 사이의 방향인 북동, 동남, 남서, 서북 4방을 합친, 8방향을 살펴보는 지리학적인 학문입니다. 오늘도 적지 않은 사람들이 종교적인 특성 때문에 방문해 상담하기를 망설이고 있는데 무엇이든지 잘못 알고 있는 지식이 편견(偏見)돼 맹신(盲信)하게 되면, 그것이 바로 미신(迷信)이라고 말할 수도 있을 것입니다."

그는 잠시 후, 마음이 편안해지자 생년월일시와 이름들을 메모해주었는데 생년의 간지(干支)에는 비겁과 상관의 별이 있었고, 생월의 간지에는 모두 식상의 별들이 자리를 차지하고 있었는데 배우자궁에 다행스럽게도 처(妻)의 별이 있었으나 자손 궁과 상충(相衝)하고 있었다. 또한 자전괘도인 대운에서는 44년 동안 냉동실에서 정충(情蟲)이 겨울잠을 자고 있는 형상이었다.

특히 부부의 이름 3자가 44세가 되도록 사주팔자를 이끌어 감에 있어서, 식신 상관과 흉(凶)한 모든 별들이 자손을 극하고 해롭게 하고 있었음으로 그는 긍정적인 마음의 문을 꽁꽁 닫고 있었다. 그래서 매사 의심이 많고 부정적이었으며 만사 즐거움을 모르면서 희망이 보이지 않는 삶을 고독하게 살아가고 있었다.

"결혼하고 5년이 지난 뒤부터는 자녀를 낳아 기르고 싶은 열망과 부모형제 및 일가친지들의 권유로 유명하다는 병원을 두루 찾아다니면서 종합검진을 받고 10년 동안 최선의 노력을 했지만 현재까지 좋은 결과를 얻지 못했습니다."

"그래서 오늘 자녀 문제와 본인의 삶까지도 모두 포기할 작정으로 저를 만나러 오셨나요?"

그는 순간 눈을 번쩍 치켜뜨면서 흐느끼기 시작했다.

"성경에서 가르치신 '두드리면 열릴 것이다'라는 구절을 굳게 믿으세요. 또 우리 조상님들께서 가르쳐주신 '한 우물을 파라' 하신 말씀을 확실하게 실천하면 소원이 성취되실 겁니다. 도전하세요. 인류의 역사는 도전의 연속이었습니다. 지금도 우리 모든 인류는 진화를 위해 ING를 계속하고 있는 중이지요."

"선생님! 제가 결혼한 지 16년이나 됐어요. 지금 44세나 된 이 나이에 제가 자식을 과연 낳을 수가 있을까요?"

"불가능하다고 생각하는 곳에 맹점이 있답니다. 보편적인 견해로 불가능하다고 여길 때 그 불가능한 것에 대한 경쟁비율은 상대적으로 낮아서 오히려 가능한 것입니다. 시간을 두고 음미해보세요."

그는 순간 이 법사에게 넙죽 큰절을 했다.

이 원장은 약 50년 전부터 14년간 거동이 불편하신 아버님의 병환을 편안하게 해드리고자 전국에 유명한 의사들을 만나러 다니는 과정에서 동양의학의 신비함에 이끌려 바이블격인 황제내경과 서양의학의 기본서인 해부생리학과 프로이드의 심리학 등을 사주 명리학과 연계해 공부하기 시작, 지금까지도 그 책들을 머리맡에 항상 놓고 읽으면서 천천히 생각하고 연구하면서 그것들을 통계 내고 분석하고 있는 중이다.

"저는 두 부부의 입태(入胎)사주와 출생(出生)사주, 그리고 이름들을 종합적으로 비교 분석해 자녀를 낳아 잘 기를 수 있는 방편을 연구해 용신처방을 드리면 가능하다고 봅니다. 또 두 분은 내일부터 다시 종합병원에 가서 모든 검사와 최상의 방법을 긍정적으로 받아들이시면 반드시 자녀를 출산하시게 될 것입니다."

그는 순간 얼굴에서 생기를 되찾아 육해공군의 사관생도처럼 보무(步武)도 당당하게 상담실을 걸어 나갔다.

2년 후, 2008년 5월 2일 오전 3시 56분에 하늘이 점지해주신 첫 아들을 46살에 낳았다고 하면서 전화로 감사의 인사와 더불어 아들의 이름을 지어 달라는 그 남자의 목소리는 감격에 겨워 떨고 있었다.

참고문헌

*강진원. 동양 천문이야기. 정신세계사.2006.

*김일권. 박사학위 논문. 고대 중국과 한국의 천문사상 연구. 서울대학교.1992.2.

*김신철. 별자리 이야기. 삼덕미디어. 1996.

*김종록. 장영실은 하늘을 보았다.1-2권. 랜덤하우스중앙. 2005

*나일성. 17-18세기 이조학자들이 이해한 세차운동. 동방학자 -22.67(1979)/그 외에
다수 연구논문들.

*나일성. 17-18세기 한국의 천문관. 동방학자-21.1(1979).

*루돌프 키펜한. 신혜원 옮김. 내 서랍 속에 우주.1987.도서출판 들녘.

*林紹周. 譯詳 參贊비전 新增天機大要. 大韓曆法연구소. 1977.

*문재현. 문한뫼. 별자리, 인류의 이야기 주머니. 도서출판. 살림터. 2017

*박동현. 음력을 양력으로 환산하는 간편한 방법-고려 조선천문 연구. 한국 천문학회
지1,19.19쪽 1968. 명문당.

*박성래. 한국과학 사상사-시험적 고찰.범양사.3.13.1992-1995. 우리나라 전통시대
의 천문기록을 정리하고 해석한 기획연재 논문.

*박창범. 천상열차 분야지도의 별그림 분석. 한국과학사 학회지. 제20권 2호. 113-
150쪽. 그 외에 다수의 연구논문들.

*박창범. 하늘에 새긴 우리의 역사. 2002. 김영사.

*양흥진, 박창범, 박명구. 고려시대의 흑점과 오로라 기록에 보이는 태양활동주기.
천문학 논총. 13. 181-208쪽. 1998.

*유경로. 천문류초.보천가. 성경. (서울대 교수.1985.11) 신법보천가(한국과학기술사 사료대
계6. 천문학 편)

*유경로. 한국 천문학사 연구. 녹두. 1999.

*陳遵嬀. 중국천문학사.1권-6권. 명문서관. 민국87.

*이문규. 고대중국인의 하늘에 대한 천문학적 이해. 서울대 박사 학위 논문.1997.

*이문학. 점성술비법(한국천문역학원장). 명문당. 1979.

*이순지. 천문류초: 奎章閣本. 조선조. 세종.

*이은성. 12지지의 천문학적의의와 역일의 장기적인 배당방법에 관하여. 한국천문학 회지.11.47쪽 (1978): 12지지와 큰곰 별자리의 운동과의 관계를 연구.

*임승혁, 하연욱. 신비한 동양의 별점. 도서출판. 황금시대. 2003.

*전상윤. 한국과학사. 사이언스북스. 2000. 조선왕조실록에 있는 케플러 초신서 (1604)관측기록131. 1604년10월13일 -1605년7월13일 까지 밝기 변화를 설명한 기록 등 외 다수 연구논문들.

*백윤기 역. 皇帝內徑 運氣해석. 고문사. 1974.

*유태우. 運氣體質해설집. 운기체질 조견표. 음양맥진 출판사. 1980.

*이윤영(용회수)감수. 오택진 편저. 기문둔갑 비결. 1992. 명문당.

*류래웅. 기문둔갑 신수결. 대유학당. 2005.

*손빈. 六壬神課 金口訣 上中下. 춘추전국시대.

*임응승 신부. 수맥과 풍수. 도서출판 새남. 1986.

*강휘산(강농헌) 편저. 老子 德道經. 북랩. 2011

*강농헌(박사과정 중). 최수천(석사). 인생사주학. 북랩. 2012.

*박왕용. 오행학설에 대한 연구. 경희대학교 박사학위논문. 1997.

*조규문. 十干 十二支地의 명리적 이해. 원광대학교 동양학 대학원. 2001.

*소강절. 황극비결. 한국생활 철학회. 감수 백운학, 양학성, 변만리.

*양학성. 관상학. 필사본. 구술 전수. 1974.

*허영만. 신기원 감수. 꼴. 1권-10권. (주) 위즈덤 하우스. 2008년.

*신기원. 꼴 관상학.(주) 위즈덤 하우스. 2000. 5. 23.

*황극경세서. 소강절. 적천수 집요 평주. 이철필.

*삼명통회 만육오. 적천수천미. 임철초.

*자평진전 심효첨. 연해자평 서승.

*궁통보감 서승. 궁통보감과 적천수 보주 서락오.

*적천수집요 진소암. 자평수언 서락오.

*신봉통고 장남. 천리명고 위천리.

*명리존험 림경백. 명리탐원과 명보 원수산.

*성평화해 무당산월. 금산인. 중국고대 산명술. 강옥진.

*노승우. 관상학. 도서출판. 무심.1996.

*이병록 감수. 편저자 명인 역학 연구소. 무자년 명인택일력. 도서출판 .자료원.

*유정식 번역. 단건업의 명리진보.중국철학문화협진회. 계미년.

*라계성. 唐宋陰陽 五行論 집. 전성각 대사국. 민국77년 10월.

*권백철, 최봉수. 궁통보감정해. 도서출판 삼신서적. 1973.

사주명리음양 체질학, 오운육기 체질 분석학. 口述 전수. 1974~1977

*이석영. 사주첩경1-9권. 필사본 전수. 1977~

*최봉수.심명철학1-3권. 보경문화사. 1984.

*옥승혁 사주학.(옥 선생께 직접 지도받으신 고 심재만 선생님으로부터 口述로 전수). 1983.

*최명진. 운명 그 물음에 답하다. 한솜미디어. 2010(고 옥승혁 선생의 수제자-옥문관 사
 주학 현재 운영 중)

*이중재. 오성학회장. 오성공론. 명문당. 1992.

*이중재. 새사주 신법. 도서출판 천산.1999.

*한동석. 우주변화의 원리. 대원출판. 1966.

*안경전. 개벽 실재상황. 대원출판사. 2005.

*이목영. 인생역전 역술세상. 이목영 법사편. 일간 굿데이 스포츠 신문사 발행. 2004

*이목영. 역학칼럼 및 상담실례. 스포츠 일간신문 & 인천신문사. 2002~2010.

*이목영. 사주 명리학과 동양 천문학의 만남. 북랩. 2014.

*김종현. 통역 제1권 명리(十干과 十二支, 매화역수).개인미래정보. 1992.

*김승호. 주역원론1권-6권. 도서출판 선영. 1999.

*양학봉. 음양오행. 사학출판사. 1998.

*이우람. 이름이 운명을 좌우한다. 외 3권. 1987.

*안성재. 사주와 학습시간과의 상관관계 연구.국제문화대학원 대학교. 2006.

*송영배. 十月太陽曆과 음양 오행설의 새로운 해석.과학과 철학. 1995.

*윤창열. 十干과 十二支에 관한 고찰. 대전대 한의학 연구소 논문집. 1996.2.

*이옥선. 유백온의 명리학 에 관한 연구. 공주대학교 대학원. 2008.

259